開発空間の暴力

いじめ自殺を生む風景

荻野 昌弘

新曜社

目次

装幀　鷺草デザイン事務所

第1章　〈脱中心化する風景〉の生産

茨城県阿見町は、かつて海軍基地や予科練があった場所である。そこには、約700町歩（約7平方キロメートル）の海軍用地があり、町の42%が、海軍関係の敷地だったという。いま阿見町を訪れても、それがどれほどの規模で、そこにどのような光景があり、軍隊がどれほどの存在感をもっていたのかを想像するのは難しい。たしかに、現在阿見町には、陸上自衛隊の駐屯地などがある。しかし、それはかつての海軍施設に比べれば、はるかに規模が小さいのである。

このような基地の解体は、阿見町だけの話ではない。圧倒的な存在感を誇っていたはずの軍隊は、終戦によって消滅を余儀なくされ、日本全土に巨大な空白地帯が生まれた。この空白の空間をいかに利用してきたかという問いは、単なる土地利用の問題ではない。そこには、戦後日本がいかにして「復興」し、「経済成長」を遂げたのか、そして、それはいかなる社会を生み出したのかという問題を解く鍵が潜んでいる。

1　軍隊の解体

日本は一九四五年に太平洋戦争に敗れた。しかし膨大な海軍の敷地、建物、施設は、そこに残されたままだった。兵士や軍属が解員（復員）し始めると、施設の管理が難しくなり、そこにあった物資が盗まれるようになった。阿見町が編纂した『阿見と予科練』（2002）によれば、「戦争中から慢性的に不足していた食料品関係の倉庫が最初に狙われ」、「持ち出しの噂が流れると、不法行為は止めどもなくエスカレートし、無頼漢が横行し、手当たり次第持ち出せるものは何でも盗んで行った」という（阿見町 2002: 237）。

そして一一月三〇日、軍隊は消滅した。前後して占領軍がやって来るが、その占領軍も翌年、二月一日には撤収した。『阿見と予科練』では、軍隊消滅後の軍用地について、次のように記されている。

海軍の廃止と占領軍作戦部隊の撤退後は、阿見町周辺にあった歴史ある海軍施設は、賠償物件となった施設を除いては持ち出され、窓や建具まで取り外され、荒廃した建物だけが残った（阿見町 2002: 238）。

人気がなくなった軍用地は、「荒廃」と形容されるような状態だったであろう。軍隊が消滅し、秩序が維持できなくなった阿見町で、軍需物資の盗難が起こったのは、おそらく例外的なことではない。この時期、阿見町だけではなく、軍隊施設があった場所で同じようなことが起きていたであろう。それは、公私の境界が消滅し、不確定な状況が生じていたことを意味する。軍によって維持されていた公的秩序はいとも簡単に崩壊し、一七世紀イギリスの政治哲学者トーマス・ホッブズの言う「自然状態」が、そこに現出していたのである（Hobbes 1651＝1982, 85, 92）。自然状態では、「私有」という観念は存在しない。窃盗は不法ではなく、日常的に行われる。終戦直後の日本では、そうした状態にあったのである。

阿見同様に、広大な軍用地があった千葉県習志野原（現在の千葉県船橋市、習志野市、八千代市、千葉市にまたがる）では、「終戦後も其の土地に一部の軍人が残って帰農する向が多」かったと、平林巌は、当時の状況について報告している（平林 1954）。つまり、軍隊が解体した後も行く当てがなく、旧軍用地に残って自活のため耕作をしていた元軍人が、かなり存在していたのである。

当時の日本政府やＧＨＱは、このような自然状態、あるいは社会性が停止した状態（荻野 2005）を解消して、いち早く秩序を回復する必要があると考えていたことは疑いない(1)。そこで、農林省農政局が中心となり、推し進めたのが「開拓事業」である。それは、旧軍用地を農地として開拓し、「食料増産」に努めようという政策だった。

国外からの引揚者、復員者に仕事を与え、食糧難を解消するという目的から、旧軍用地に残り、そこで耕作していた元軍人も統合して「開拓団」が組織された。開拓団といえば、「満蒙開拓団」のような植民地開拓が有名だが、終戦直後の日本でもかなりの規模で開拓団が組織されていった。植民地開拓の発想が、そのまま戦後復興に応用された側面があったのである。

阿見町では、一九四六年三月からかつての海軍飛行場跡などで、開拓事業が開始された。旧軍用地は大蔵省の財産となっていたが、農林省の開拓財産としたうえで、その直後の一九五一年に開拓者に売り渡された。

ところで、旧軍用地の跡地利用は、開拓事業だけではない。旧軍用地は「文教施設、病院、平和産業、民間住宅等に利用され」ている（阿見町 2002）。

一九二一（大正一〇）年に設置された霞ヶ浦海軍航空隊本部地区跡地には、一九四六年五月に私立霞ヶ浦農科大学が設立された。しかし、その後経営困難に陥ったため、農科大学はまず県に移管された後、一九五二年には国に移管され、茨城大学の農学部として再出発した。一九四九年、飛行場跡地に阿見中学校が竣工、土浦海軍航空隊跡地には日本体育学校（その後移転）と常陽中学、高校（ともにその後廃校）などが建った。また、東京医科大学が旧霞ヶ浦海軍航空隊の医務室跡を買収し、一九四九年、東京医科大学霞ヶ浦病院が生まれた。

「平和産業」として代表的なのは、水あめ工場である。一九四六年、旧海軍施設の格納庫とボイラー室があったところに、開拓農産物であるさつまいもを加工する新日本食品が設立された。経営陣には海軍関係者が入っており、旧海軍施設を利用した最初の企業だった。新日本食品は、水あめのほかにアルコールも製造しており、この醸造酒部門は一九五六年に協和発酵が買収した。また、一九四七年に阿見町の有志が集まり、旧霞ヶ浦海軍航空隊の厨房を利用して、さつまいもを原料とした水あめを生産する阿見農産加工会社が生まれた。その後、一九五三年に日本資糧工業（現ニッシ）がこの会社を買収して、今日に至っている。

公営住宅が建てられ始めるのは、一九五二年あたりからである。滑走路跡地付近に、まず、町営住宅二四四戸、県営住宅五五戸が建設され、その後も軍用地跡に公営住宅が建設される。

かくして、阿見町にかつてあった軍隊の痕跡は消え、文教施設、病院、工場そして住宅団地がある、平和を象徴するような町がつくられていくように見えた。しかし一九五二年、陸上自衛隊武器学校（当時は、警察予備隊武器学校）ができ、翌年、霞ヶ浦駐屯地が開設され、自衛官が多く赴任してきた。この時期、急速に進んだ住宅建設も、自衛官の宿舎を確保する目的があったようである。

ただ、自衛隊施設がおかれたのは、かつて飛行場や海軍航空隊本部があった町の中心部ではない。阿見町役場を中心に、阿見中学、茨城大学農学部、東京医大霞ヶ浦病院が位置する現在の阿見町を支配しているのは、「文化」にほかならない。阿見町の風景は、戦後「変身」を遂げたのである。

2　焼身自殺

旧軍用地の開発

阿見町の「戦後」は、旧軍用地の再開発から始まっており、これは、阿見町の戦後復興が、荒れ果てた旧軍用地をいかに利用するかという問題意識から始まっていることを示している。この意味では、軍用地が転用され、「文化」（文教施設）や「産業」に関わる建造物が建てられ、軍隊の痕跡が消えることによって、ようやく、阿見町の戦争が終わりを告げたということができる。

阿見町で、終戦直後から始まった開拓団による農地開発が、ほぼ終わりを告げたのは、阿見開拓農業協同組合が解散した一九六七年頃のことで、この時期に、阿見町で再利用可能な旧軍用地は消滅したのである（阿見町 2002: 292）。そこで、町の新たな課題として浮かび上がったのが、旧軍用地の周辺部に広がる土地をいかに利用するかという点である。

阿見町は、一九六八年新たな都市計画法の制定に基づき、一九七一年、市街化地域と市街化調整区域の線引きを行う。一九六九年これと前後して、山林・農地を切り開いて、追原住宅団地や福田工業団地の造成を計画する。

この一連の動きを受けて、一九七二年に「阿見町総合計画」が策定される。また、一九七八年の「阿見町第二次総合計画」では、「計画的に工場を誘致するとともに、住宅団地を開発して職住一体化を図る」と謳われており、旧軍用地周辺部における新たな住宅団地や工業団地の造成が、順調に進んでいることをうかがわせる。

一九六〇年代前半には減少傾向にあった阿見町の人口は、一九七〇年に2万4907人、一九八〇年には3万3720人にまで増加している。また、福田工業団地が一九八一年に完成したことで、企業進出も盛んになり、一九八〇～八六年に、事業所数は81社から123社に、従業員数は1900人から4770人と約2・5倍に増えている（阿見町 2002: 292）。これらの事実が示すように、阿見町は一九七〇年から新たな「時代」に入っていく。

『茨城県阿見町勢要覧二〇〇五年度版』は、一九八〇年代に「大規模住宅団地や本格的ショッピングセンターがお目見えした」としており、阿見町の風景がこの時期、変容を遂げていることがわかる。それは、阿見町が消費社会化していくことを意味する。新たな産業が導入され、高度消費社会のライフスタイルが、阿見町に浸透していったのである。

阿見町のいじめ自殺事件

そうしたなか、一つの事件が起こる。それは一九八六年四月のことである。地元紙の『いはらき』は、この事件を次のように取り上げている。

一八日午前七時二七分ごろ、稲敷郡阿見町阿見、建材業、高橋勝雄さん（四七）方の庭先で、二男、建二君（一五）＝阿見中三年＝が火だるまになっているのを、家人が発見し水をかけ、近くの病院に収容したが、同日午後八時五〇分、やけどによる心不全で死亡した。

土浦署の調べでは、建二君は物置にあったポリ容器の灯油をかぶり焼身自殺した。同所で家族らから動機を聞いている。発見の直前に兄が庭先で「熱い、熱い」という声を聞きつけ屋外に出たところ、建二君が火だるまになっていた（いはらき一九八六年四月一九日付夕刊）。

中学生が焼身自殺を図るという衝撃的な事件が、起こったのである。朝日新聞はその後、「同じ学年の生徒A君から『たばこを吸え』などと強制されるなどのいじめを受けていたことがわかった」と報じ、A君が「『ジュースを買ってこい』と命令した」り、「あしたおれの教室にこい」といったことが自殺の引き金になったのではないかと推測している（朝日新聞一九八六年四月一九日付夕刊）。

阿見町が、旧軍用地の転用を終え、新たな開発が進むなかで起こった事件である。それは、一見、海軍の解体に始まる阿見町の戦後復興とは、直接関わりがないようにみえる。しかし、かつてフランスの社会学者エミール・デュルケームは、『自殺論』のなかで、一見個人的な営為に見える自殺が、「社会的事実」であると主張した。

デュルケームは、国家によって自殺率が大きく異なることに着目し、プロテスタント信者が多数を占める国家は、カトリック信者が多数派である国家に比べて、はるかに多くの自殺者を出している点に気づいた。デュルケームは、このちがいは、カトリック信者の方が集団としての結束力があり、それが自殺を抑止しているのに対して、プロテスタンティズムは個人主義的な宗教であり、孤立を助長する傾向がある点に起因していると指摘している（Durkheim［1897］1981 = 1985: 179-182）。

こうしたデュルケームの個々の分析の是非はともかく、重要なのは、デュルケームが提示した、ある特定の集団において、自殺者が生まれる可能性が特に高いという仮説である。もし、この仮説が有効であるならば、自殺のタイプによって、地域間で格差が存在するのではないかという仮説が成り立つ。

中学生のいじめによる自殺が、どのような地域に起こっているのかを見ると、この仮説に根拠がないとはいえないことがわかる。いじめ自殺件数については、まとまった公的統計は存在しない。そこで、新聞記事データベースなどによって得たいじめ自殺事件の情報に基づいて、一九七九〜二〇〇九年の中学生のいじめ自殺事件を集計すると、いじめによる自殺だと判断できる事件は、137件（男子89件、女子47件、不明1件）ある。本書では、これをいじめ自殺データベースとし、基本データとして用いることにする(2)。

まず、いじめ自殺データベースのデータから、市町村が特定できる133件について、市町村の人口規模別に、どの程度いじめ自殺が起こっているのかを見てみよう(3)。いじめ自殺が起こった市町村人口規模別にいじめ自殺数を出し、市町村のその年の人口の合計で割り、十万をかければ、人口十万人あ

表1　市町村人口規模別いじめ自殺数といじめ自殺率

市町村人口	いじめ自殺数	いじめ自殺率（人口10万あたり）
3万未満	21	6.39
3〜10万	40	1.68
10〜100万	58	0.30
100万以上	14	0.04
合　計	133	

たりのいじめ自殺数、すなわちいじめ自殺率が求められる（表1）(4)。その結果、人口が多ければ多いほど、いじめ自殺が起こる可能性は低くなることがわかった（荻野・雪村 2006）。

デュルケームの所説のなかで、もう一点、注目に値するのは、ある社会において、急速に自殺率が上昇する時があるという指摘である。デュルケームによれば、それは社会が「アノミー」に陥っている時である。アノミーとは、社会規範が存在しないため、社会が放縦な状態に陥っていることをさす。ある時期に自殺が相次いで起こるのは、社会そのものが「異常」を来たしているとデュルケームは考えていたのである。

たとえば、一八七〇年の統一後、イタリアは、急速な経済発展を遂げた。しかし、同じ時期に、自殺率の急激な上昇が生じている。一八六六〜七〇年の自殺率は一定していたが、一八七一〜七七年に36%上昇し、その後も上昇し続けている。この事例は国家が単位となっているが、経済成長や開発によって自殺率が上昇するという命題は、国家以外の単位にも当てはまるはずである。そして、イタリアの事例も細かく分析すれば、ある特定の地域（特に開発が進んだ地域）において、顕著な自殺率の上昇が見られたかもしれないのである。

自殺した中学生が生まれたのは一九七一年であり、阿見町が新たな飛躍をする転換期に当たっている。そして少年は、人口が急増し、工場やスーパーマーケットが立ち並ぶようになる町の変貌期に育った。少年の成長期は、阿見町が経済成長を遂げる時期と重なっていたのである。もちろん、ただ重なっているだけなら、単なる偶然かもしれない。しかし、少年が自殺した一九八五年前後は、いじめ自殺に対する関心が高まった時期でもある。

いじめということばが文部省によって定義・分類されたのは、一九八四年のことであり（文部省『小学校指導資料3』）、事実、一九八五〜八六年に、いじめということばが定着するうえで大きな意味をもった自殺事件が、相次いで起こっている。いくつかの事例は、研究者やジャーナリストによる詳細な報告があり、当時、いじめ自殺が新たな社会問題としてクローズアップされていたことがわかる（村山・久富・佐貫 1986）。阿見町の少年の自殺に関する情報は乏しく、事件から二十年経過しており、何が起こったのかを現時点で再構成することは、事件の性格上難しい。しかし、阿見町の事件と共通する特徴を示している別のいじめ自殺事件と比較することで、阿見町の事件の特質を理解することができるであろう。

野辺地町のいじめ自殺事件

それは、一九八五年一二月九日、青森県野辺地中学校二年生の熊沢憲君（一四歳）が、同学年の生徒と卒業生グループによる金銭強要を含むいじめから「死にたい、死にたい、絶対に死んでやる」と遺書を残し、山林にある小屋のなかで首つり自殺した事件である。野辺地中学校で自殺者が出たのは、初めてではない。この事件が起こるまでの六年間で、なんと三件の自殺者が出ている。それは偶然ではなく、野辺地町とそれを取り巻く地域の特性と関わっている。

野辺地町は、一九八五年に至る二十年間のあいだ、この時期、大都市に人口が流出した青森県のなかでは珍しく、人口が増加し続けている。その大きな理由は、「むつ小川原開発」にある。むつ小川原地区は、新全国総合開発計画（新全総もしくは二全総）の大規模開発地域の一つに指定され、一九六〇年代後半から民間不動産会社による土地買い占めが行われていた。その結果、一九七〇年以降野辺地町では、不動産業、建設業、サービス業の従事者が急速に増加している（不動産業の就業人口は、一九七〇年から一〇年間で七倍に増加）。野辺地町は、むつ小川原地区まで車で一時間ほどの距離にあるため、一九七一年当時は、土地買収などを行う百軒以上の不動産業者が事務所を構えていたという（村山・久富・佐貫 1986: 149-150）。

これは、野辺地町に町外から多くのひとびと、金銭、商品が大量に流入していることを意味する。それは、土地の売却によって突然大きな収入を得た者を消費へと誘う。また、開発計画に乗じて利益を上げようとする欲望を喚起する。いじめグループに加わっていた少年の一人の父親は、地元商店の三男で、開発期に土地売買に手を出して失敗し、バー経営に転じた。しかし、これにも失敗して、消費者金融の貸金取り立ての請負をしていたという（村山・久富・佐貫 1986: 154）。この家庭は、むつ小川原開発によって、引き裂かれていたのである。このように欲望が喚起され、金銭の氾濫に左右される社会状況と、いじめ自殺事件は無縁ではない。

自殺した熊沢憲君や友人のA君は、いじめグループから金銭をたびたび強要されており、「お金を持っていかないと殺される」と話していたという（村山・久富・佐貫 1986: 96-97）。熊沢君たちから「調達」した金銭で、いじめグループが遊んでいたことは想像に難くない。

野辺地中学では、部活動と並行して「バイショー」という陰のグループが組織されており、この二つのタイプの組織において上位にある者が、金銭を吸収していくしくみができていたようである。部活動やバイショーの集金方法は、次のように幾通りもある。

(1) 共同出資——バイショーの会員は、期限を決めて金銭を出し合う。持ち合わせの資金がない場合には、何らかの方法で調達しなければならない（「学級で弱い者、お金のありそうな生徒、過去に万引きをした経験のある生徒」を「ねらう」）。
(2) 寄付（カンパ）——金銭もしくは金銭を渡さずにジュースを買わせるなどの「寄付」行為を求める。また、類似した行為として、修学旅行に行った生徒には、おみやげを強要することなどがある。
(3) 「押し売り」——衣服などの購入を強要する。
(4) 賭けごと——賭けトランプへの参加を強いる。

このような暴力を誘発する集金システムが、中学生のあいだで形成されていたのは、一つには、中学生の消費への欲望が高まっており、しかも、それを抑制するような規範を欠いていたからである。ただそれ以上に、野辺地町やその周辺地域の住民の多くが、土地買収や漁業補償などによって、一瞬のうちに巨額の収入を得たという事実が、中学生の行動に影響を与えた点が大きい。野辺地中学の生徒が生み出したのは、ときには暴力を行使しながら、短期間のうちに集金するシステムだからである。そこには、労働の対価として収入を得るという勤労道徳は存在しない。ただ、おとなたちと同じように、安易に金銭を得ることだけが関心事となっている。野辺地町には一九七〇年以降、「よそもの」、商品、金銭が大量に流入した。それが中学生の生活にも、破壊的な効果を及ぼしていたのである。

阿見町の事件に関して、野辺地町の事例ほど詳しいデータはないが、野辺地町と比較することによって、新聞記事だけでは理解できない部分が見えてくる。たとえば、A君が自殺した建二君に「ジュースを買ってこい」と命令したことが、自殺につながったかのような記述がある。これを読むと、なぜこれだけのことで自殺したのかという疑問を抱く者もいるであろうが、バイショーのような組織があったかどうかはともかく、ジュースを買わせることは前述した「寄付」に相当する。阿見町の建二君はA君から継続的に寄付を強要されていたはずで、そうでなければ建二君が自殺するはずはなかっただろう。野辺地町と同じように、一九七〇年以降の阿見町の大きな変容が、中学生の日常生活を変えたのではないかと推測できるのである。

地域の変容

ところで、もう一つ、阿見町と野辺地町には類似した点がある。それは、旧軍用地の転用が「飽和状態」に陥った時に開発が始まったという点である。

むつ小川原開発計画は、当初、野辺地町、六ヶ所村、三沢市の三つの地域にまたがっていた。このうち、三沢市には旧日本海軍が一九三八（昭和一三）年に建設着手し、一九四二年に開設された三沢基地があった。終戦後、米軍陸軍航空隊が移駐し、すぐそこに飛行場を建設したため、多くの建設業者が集まり、繁華街ができ上がった。三沢市は、新たに旧軍用地の開拓をすることなく、戦後すぐに「復興」を遂げたのである。そして、一九五八年からは、自衛隊と米軍が基地を共同使用している。

しかし、かつて五千人いた基地労働者は、一九六九年に二千人にまで減少した。これは、基地そのものの縮小を意味していたわけではない。なぜなら、三沢基地は、沖縄嘉手納基地に次ぐファントム常駐基地になっていたからである。ただ、基地に依存した市の経済は行き詰まっており、市は、雇用創出のために、基地とは別の新たな地域開発の必要性を感じていた。たとえば、三沢地方労の渡辺航議長は、基地依存体質を脱却して、「これからは基地がなくてもやっていけるコンビナートを建設して、労働市場をつくればいい」と語っている（鎌田 1991: 5-7）。三沢市が飽和状態に陥っていたとは、このように、旧軍用地の再利用（三沢の場合には、日本軍が米軍と入れ替わっただけだが）だけでは、市の経済が成り立たなくなっていたことを意味する。そして、同様の状態が、一九七〇年当時の阿見町にも生じていたのである。

ただ、ここで断っておきたいのは、一九七〇年前後に端を発する地域開発の直後に、いじめ自殺が発生するわけではないという点である。野辺地町と阿見町の事件は、ともに開発が始まってから一五年経って起こっている。自殺した中学生たちは、地域の変容が始まる時期に生まれ、その変容過程のなかで成長しているのである。

3　日本列島の改造

本章で展開している議論に基づけば、戦後史は二つの時期に分かれる。第一期は、敗戦後、軍隊が解体されることによって生じた広大な空白の空間をいかにして開発するかが、最大の課題であった時期でである。その多くは当初、農地に転用される。地理学者の松山薫の研究は、この点を裏づけるものである(5)。旧軍用地の処分は、一九四七～四九年に集中し、そのほとんどは農地として利用されている(松山 2001: 25-26)。その後一九五〇年初頭から、開発に関連する法律が制定されるに従い、旧軍用地は工業用地や住宅地に変わる(松山 2001: 37)。

第二期は、旧軍用地の開発が終わり、開発がその周辺部に拡大していった時期である。そして、第二期が始まるのは、一九七〇年前後である。松山の研究は、一九六〇年代初頭に旧軍用地の処分はかなり進み、一九六〇年代後半には、利用されていない国有地は相当減っていた事実を示している(松山 2001: 28)。

阿見町で総合計画が策定されたのは一九七二年だが、これは田中角栄の『日本列島改造論』が出版された年である。田中の主張は、日本全国を高速交通網で結び、地方経済の活性化をめざすものであったが、これは、その三年前(一九六九年)に策定された新全国総合開発計画(新全総もしくは二全総)をほぼ踏襲している。新全総自体が「日本列島改造」をめざしたものだったが、日本列島を一部の役人と政治家、そしてそれにつながる不動産業者などの手で「改造」するという途方もない野心的計画の策定が可能になったのは、ほかでもなく、旧軍用地の再開発がほぼ終了したからなのである。軍隊が消滅した後の広大な空間が、空白のまま放置されることなく、何らかのかたちで埋め尽くされたことによって、ようやく日本列島の改造という発想が生まれ、それを実現しようという運動が正当化されたのである。

日本列島改造論の主唱者であった田中は、『日本列島改造論』出版直後に内閣総理大臣となるが、その二年後の一九七四年に「金権体質」を批判されて辞任に追い込まれ、一九七六年、受託収賄罪で逮捕される（いわゆるロッキード事件）。新全総も目標年次の一九八五年を待たず、一九七七年に第三次全国総合開発計画に取って代わられる。しかし、新全総や日本列島改造論の夢が泡となったからといって、日本列島は改造されなかったわけではない。それどころか一九七〇年以降、日本列島は大きな変貌を遂げていく。阿見町も、その例外ではなかった。

戦後の都市開発や地域開発は、無計画に行われたのではなく、旧軍用地を転用することから始まり、その後に、その周辺部に広がった。軍隊が残した巨大な「負の遺産」が完全に返済されて、つまり軍用地が再開発されて、初めてそれ以外の土地を自由に開発することが可能になったのである。

このような戦後の開発の方向づけは、日本の「非軍事化」というGHQの方針がきっかけとなったことは否定できない。ただ、旧軍用地の再開発着手は、単にGHQの指令に応じたという消極的な理由からだけではない。空襲を免れた旧軍用地の施設、建物を有効利用することが、物資が乏しいなかで、いち早く復興を遂げるための得策だったからである。そして、戦前から軍隊の設置によって、地域全体を開発するというパターンが一般化していたため、旧軍用地は町の中心点にあり、そこから開発に着手することが最も合理的な選択であったからである。戦後の阿見町の開発も、戦前の飛行場建設の時に構築された空間をそのまま再利用しており、それは軍隊の設置を通じた開発の延長線上にあった。

阿見村に霞ヶ浦海軍航空隊が設置されたのは、一九二一（大正一〇）年のことである。その年、阿見行のバス路線が開通した。一九二六（大正一五）年には常南電車が、土浦阿見間に開通し、茨城県内で初めての舗装道路ができた（阿見町史編さん委員会 1983: 527）。交通網や道路が整備されるなか、一九二〇（大正九）年に7964人だった阿見村の人口は、一九三七（昭和一二）年には、7964人に増加したが、一方で、一九二〇年に93・9％だった阿見村の農家率は、四年後に65％になり、一九三五年には52％まで落ち込んでいる。阿見村は農業中心の生活から、環境が一変したのである。

「阿見町発達史」(6)は、この辺りの事情を次のように論じている。

本村に於ては買収に依り所有地を失ひしもの、或は土地の購入に狂奔し、或は性急なるものは、村の将来を予想して早くも商業に転換するものあり。或は営利的会社を組織するものあり（略）一攫千金を夢み、各地より移入して来る諸事業者は、日増に戸をかまえ軒を並べるの盛況を呈したり

阿見村の18％ほどが建設用地として買い上げられたため、そこで得た資金を元手に「商業に転換」したり「会社を組織」した村民が多く存在した。一方で、小作者は建設工事の作業員に転職し、村の外部から「一攫千金を夢み」る者が流入してきた。軍隊が移転してきたことで、阿見村はまさに「変身」したのである。

以上のように、阿見町には一九二〇（大正九）年以来、軍隊の設置を通じて開発された経験があった。この経験を通じて、地域開発がどのようなものであるか、知識が蓄積されていた。これは戦後、旧軍用地を別のかたちで開発するための基本的枠組みがすでに構築されていたことを意味する。それは、ただ単に軍の施設を再利用するという実利的な意味だけではない。基地の設置は、最も重要な「公共事業」でもあった。軍隊設置という大規模公共事業によって、地域の産業構造と社会構造は大きく変化した。そして、地域は新たな空間利用の方法を植えつけられた。

軍隊は、経済的波及効果を生んだだけではなく、軍隊がおかれた場所は、地域の「中心」となり、象徴的意味を帯びるようになる。霞ヶ浦海軍航空隊飛行場は、開設以来、海外の航空機の離着陸地として、しばしば話題になった。なかでも、一九二九（昭和四）年の飛行船ツェッペリン号着陸は大きな反響を呼び、「アメリカのロサンジェルスに向けて飛び立つまでの四日間に、飛行船を見るために約三十万人の観衆が飛行場に集まったという」（阿見町史編さん委員会 1983: 525）。飛行場は、観光地の要素を呈していたのである。もちろん、霞ヶ浦航空隊の兵力も拡大し、一九三一（昭和六）年には、海軍航空隊の四割強が霞ヶ浦に集結していた。

圧倒的な存在感を誇っていた海軍基地の痕跡は、戦後も残存した。軍隊の解体は、そこに物理的な空白だけではなく、かつての象徴的建造物、象徴的中心の欠如による空虚感を生んだ。この空虚感が、軍隊がかつて存在した空間に新たに地域の中心となるような建造物を建てるよう、促したのである。

4　暴力の風景

脱中心化する風景

それでは、一度社会的に中心とされた場所は、その後も吸引力をもち続けるのだろうか。また、求心力をもちうるとして、それはどの程度持続するのだろうか。

かつて海軍本部と飛行場があった阿見町の中心部には、現在、町役場がある。また、病院や大学などがある。しかし、かつての霞ヶ浦航空隊がそうであったように、そこが阿見町を象徴する場所であるとは、言い難い。旧軍用地は「平和利用」されたとはいえ、その周辺部には自衛隊基地がある。同様に、周辺部に位置する大型スーパーマーケットの集客力は相当なものであるし、工業団地も存在する。阿見町の風景は〈脱中心化〉されており、どこに町の中心があるのかわかりにくくなっている。言いかえれば、戦前の軍隊跡地に建設された建物は、霞ヶ浦航空隊ほどの象徴的意味を帯びることはなかったのである。しかも、阿見町総合計画に基づいて推し進められた開発の結果、一九八〇年以降、阿見町の風景はよりいっそう脱中心化していった。この阿見町のような風景を〈脱中心化する風景〉と呼ぶことにする。

脱中心化する風景では、異なるタイプの空間の構成要素が混在している。空間の構成要素をここでは〈空間記号〉と呼んでおく。脱中心化する風景を構成する空間記号には、次のようなものが挙げられる。

(1) 山林、河川、湖、海浜——自然環境であるが、言うまでもなく、人間が利用している環境でもあり、人間の手が加わっている。
(2) 農地——戦前もしくは、戦後の開拓によって開墾された田畑が広がっているか、点在している。
(3) 木造家屋——瓦葺き、木造の家屋で、農家の持ち家である場合が多い。
(4) 旧商店街——戦前からあるような商店街で、いまは後継者不足で廃れている場合が多い。
(5) 神社、仏閣、墓地——かつては地域で重要な意味をもっていた神社仏閣や、先祖を祀っている墓地が残っている。
(6) 公共施設——役所、教育機関などの公共施設は、地域の中心部に位置し、鉄筋コンクリートの建造物である。

(7) 住宅団地――一九五五年の日本住宅公団設立以降、住宅団地（鉄筋コンクリート建て）の建設戸数は増加し、公団の賃貸住宅建設戸数は、一九七一年にピークを迎える。脱中心化する風景に点在しているのは、一九六〇年代に建設された比較的古い団地群から、最近建てられた民間の分譲マンションまでさまざまである。

(8) 工場および工業団地――単独の工場から複数の企業が集まっている工業団地まで、これもさまざまである。

(9) ロードサイド店舗――ショッピングセンター、スーパーマーケット、ゲームセンター、ファーストフード店、ファミリーレストラン、家電量販店、カラオケボックスなど、郊外型の大規模店舗が存在する。

これらの空間記号は、二つのカテゴリーに大別できる。第一のカテゴリーは、おもに自然素材を用いた記号群である。自然環境や農地をはじめ、木造家屋や戦前から残る商店街の建物は、おもに自然素材を用いている。

第二のカテゴリーは、おもに合成素材を用いた記号群である。合成素材とはコンクリート、合成樹脂（プラスチック）などの材料をさし、一九七〇年以降多く用いられるようになり、いまや日常生活に欠かせない。河川は護岸工事によって、コンクリートで固められているし、木造家屋であっても、台所や風呂、トイレは、合成樹脂が用いられている。ただ、(1)から(5)までの空間記号は、おもに自然素材を用いるという原則の下に構成されているのに対して、(6)から(9)は、空間記号構成の根本に、合成素材を積極的に用いようとする考え方がある。

ある風景が脱中心化しているかどうかは、まず、限定された区域にどの程度、異なる空間記号があるかに左右される。異なる空間記号があればあるほど、脱中心化する風景となる。しかし、特に脱中心化の様相を帯びるのは、第一のカテゴリーと第二のカテゴリーが共存している場合である。たとえば、住宅団地や工業団地のあいだに農地が点在しているような風景は、脱中心化の側面が強いといえる。

ところで、(1)から(9)までの空間記号とは別に、脱中心化する風景を構成するうえで欠かせない空間記号がある。それは、(10)空き地である。これを脱中心化する風景を構成する10番目の空間記号としよう。脱中心化する風景では、開発計画が実行された後も、手が加えられずに残っている空き地がある。そこには、雑草が生えている。将来どのようなかたちで利用されるのかが不確定な、まさに〈空〉の場所であり、この空の場所が、景観全体に異質性をもたらしているのである。

中心の欠如

脱中心化する風景を構成する10の空間記号とは反対に、脱中心化する風景にはなじまない空間記号もある。その一つは、高層ビルである。高層ビルは、特に大都市に特徴的な建築物であるが、脱中心化する風景には、高層ビルは見られない。また、整備された公園のような施設もそれほど多くはない。

もう一つ、脱中心化する風景になじまないのは、〈ターミナル〉である。ターミナル駅やバスターミナルは、脱中心化する風景には存在しない。脱中心化する風景のある地域のバス停は、鉄道の駅からは距離がある場合が多い。阿見町の場合、鉄道を利用するためには、土浦駅か、荒川沖駅まで行く必要があるが、そこまでは車で一五分はかかる。また、最寄り駅が近くにある場合でも、ターミナルとして地域を外部へとつなぐハブ機能はない。

反対にターミナルは、聖なる中心が失われた現代社会で、その代替物となっている。都市計画において、まず中心として想定されるのは、駅前再開発の〈駅〉のように、ほかの地域への移動を可能にする場所である。駅の周辺に新たなショッピングセンターができ、そこがまちの中心となっていく。東京のような大都市であれば、六本木ヒルズのように高層ビル開発が中心にあり、そこにかつての巡礼者のように買い物客が集まる。

現代社会における中心とは、移動の結節点である。それは、未来の象徴であり、都市開発とは未来のイメージを現在につくり出すことを意味する。高層ビルは、消費文化と結びついたかたちで、未来を演出する。東京の都心で新たに建設されたビルは、一種の巡礼地となり、ビルの中にあるショッピング街に消費者が集まってくる。

現代の都市が構築するのは、充足性、無臭性、安全性を兼ね備えた〈透明な空間〉である。充足性とは、日常生活で必要な商品が揃うことであり、大都市では飢えることはない。ショーウィンドーは、物質的な充足性を象徴する。また、現代の大都市では食品を扱っていても、臭いはしない。スーパーでは、食品がプラスチックのパックによって包装されており、本来食材がもつ臭いは消されている。無臭であることが、消毒され、清潔であることを示す第一条件となっている。そしてもう一点、透明な空間では、徹底して安全性が追求され、場合によってはそこが癒しの空間であるようにみえる。完全無欠な未来を象徴するユートピア的空間が、そこに現出しているような印象を与えるのである。

〈脱中心化する風景〉では、こうした新たな中心は存在しない。地域の風景を構成する空間記号は、それが生まれた時代の特徴を宿しているはずだが、異なる時代につくられた空間記号が混在している風景のなかでは、その歴史性は見えてこない。脱中心化する風景にあるのは、空間記号の二つの異なるカテゴリーにすぎない。それは、素材（マチエール）のちがいによって分類されたカテゴリーであり、自然素材の方が「古さ」を感じさせるものの、それは時間軸を提示する歴史性ではなく、「古さ」と「新しさ」という二つの質の二元論的差異である。

中心を欠き、歴史性の欠如した脱中心化する風景は、何を生み出すのか。それは、暴力の噴出である。いじめ自殺が起こるのは、脱中心化する風景がある場所なのである。この意味で、脱中心化する風景は〈暴力の風景〉である。

5　風景の化学化

風景がいじめ自殺を生み出すとは奇妙に聞こえるかもしれない。しかし、個人は生活の舞台となっている風景から、まったく独立した生活を営んでいるわけではない。風景は社会が生み出すものであり、個人はそれと無縁ではいられない。それどころか、個人は社会が生産する空間のなかで生きていかざるをえない。

和辻哲郎は、個人が生活し、そこにおいて個人が自己を了解する空間を、風土ととらえている。和辻は、風土のなかで存在しうる自己を「寒さ」を例に挙げて論じる。寒さと寒さを感じる自分は、寒さ＝客観と、自分＝主観に分裂しているわけではない。「寒さを感ずるとき、我々自身はすでに外気の寒冷のもとに宿っている」（和辻［1979］1998: 12）。寒さを感じるとき、自己はすでに外気のなかに存在している。しかも、「寒さを体験するのは我々であって単に我れのみではない」（和辻［1979］1998: 13）。寒さは、われわれのなかで感じられるのであり、いわば「間柄」の関係を示す。天気に関する会話が交わされるのは、寒さ（あるいは暑さ）が共同の地盤のうえに感じられるからである。そして、共同の地盤は、「山おろし」や「から風」のようなある土地の「風土」において感じられる。これを和辻は、寒さが風土のなかで「自己了解」されると言う。寒さを感じる「主観」は問題ではなく、寒さを感じるとは、感じることによって、たとえば寒さを防ぐためのさまざまな対応策を講じていく、社会的な営みなのである。

和辻が言う風土は、歴史的な刻印があり、人間が培ってきたものである。しかし、現代社会では必ずしもこのような風土ばかりではない。脱中心化する風景では、「から風」や「山おろし」のような風土の特徴を示す現象は、重要な意味をもたなくなっていく。道が舗装されれば、土ほこりに悩まされることはなくなる。しかし、その代わりに自動車の排気ガスが蔓延し、環境問題のような新たな問題が生じる。それは、もはや風土に起因する問題ではない。なぜなら、排気ガスの排出は、特定の風土に根ざしたものではなく、自動車の通行量が増えれば、至るところに発生しうるからである。排気ガスは、燃料によって引き起こされる化学反応の結果生じたものである。それは、合成素材に彩られた風景と同じ〈化学の支配〉(7)の産物なのである。

脱中心化する風景も、排気ガスも、しだいに増殖し、遍在化していく。これは、和辻が言う歴史的な風土が解体されていく過程である。ただ、それでは、地域への歴史意識を喚起し、新たな「風土」を生み出そうと運動すれば、脱中心化する風景で生じる社会問題が解決するかといえば、話はそれほど簡単ではない。排気ガスが蔓延している風景に、から風や山おろしを再び取り戻せばよいというわけではないのである。

〈化学化〉された空間の産出を理解するうえで注目したいのは、アンリ・ルフェーブルが、一六世紀の西欧において、都市が農村を包含していく過程に関して行った説明である（Lefebvre［1974］2000＝2000）。ルフェーブルは、農村の「自然空間」に対して、「抽象化」が絶えず生成されるのが都市であるととらえ、農村の「特殊性」を「普遍的なもの」が包み込んでいく過程を「抽象空間」の広がりとしている。脱中心化する風景が産出される過程も同様である。和辻の言う風土の特殊性が消滅し、異なる空間記号が混在する風景が広がっていくのである。それは、抽象的で、個性を欠いた空間である。

自然空間の比重が弱まり、抽象化が進行するとき、ルフェーブルによれば、「空間のコード」が誕生する。空間のコードは、⑴空間の構成要素に関するアルファベットと用語集、⑵文法と統辞論、⑶文体論から成る（Lefebvre［1974］2000＝2000: 原著 312）。⑴は、水、大気からレンガやブロックに至る空間の構成要素と、建築に必要な素材と用具の目録、⑵は、全体の統一性をもたせるために、個々の空間構成要素を配置すること、⑶は、空間に調和がとれていて、どれだけ秩序だっているか、いかなる効果を生み出しているかといった美学レベルに関する処方箋である。要するに、空間がコード化され、空間が言語同様、記号として扱われるようになるわけである。言語のように、文法に基づいて空間が整備され、文章に美しい文体があるように、空間は美しく演出されなければならない。空間は統一性と秩序を保ち、計画的に構成されなければならず、意識的に表象されていくのである。

先に脱中心化する風景を空間記号として定義したのは、こうした空間コードの誕生と関わっている。脱中心化する風景が生まれるのは、農業中心の地域に工場ができ、さらにはロードサイド店舗に象徴されるような消費生活が導入される時期であり、それは市町村が策定する「総合開発計画」に基づく。総合開発とは、空間をコード化していく実践であり、いったん一定のコードに基づいて空間が産出されると、いかなるコードに基づいてさまざまな記号がいかに配置されているかという観点でしか、空間を分析できなくなってしまうのである。

ただし、脱中心化する風景は、空間のコード化によって完璧に統制されるかといえば、そうではない。仮にコードによって統制されていれば、風景が脱中心的になるはずはないからである。

脱中心化する風景では、風土や自然空間のように、身体が空間と通底し合うようなことはない。身体は風景から遊離し、風景は単なる表象として、鑑賞の対象となってしまう。それは、身体の居場所が失われていくことでもある。脱中心化する風景は、身体と空間を分断し、身体の孤立化を促すのである。それは、戦後の土地利用のありかたが生み出したものであり、具体的には空間が化学化されることによって産出されている。

風景と身体の分断は、ある一時点で生じるわけではない。すでに指摘したように、いじめ自殺が起こるのは、地域開発が始まってからある一定期間が経過した後である。それは風景が急速に変容して、脱中心化していく時期である。いじめ自殺の当事者たちは、この風景の変容のなかで生まれ、育っている。風景が脱中心化する過程で育ち、特に地域周辺にショッピングセンターやゲームセンターなどの遊戯施設などが建ち、消費文化が入り込んできた後に中学生になったこどもたちのあいだで、暴力が生まれるのである。

これは、地域住民たちが風景の脱中心化に対して無抵抗であり、ただそれを受動的に受け入れざるをえなかった点と関係がある。もし地域住民が主体的に計画し、合意の下で進められた空間の再編成であれば、事情は異なっていたかもしれない。

注

（1）「社会性が停止した状態」とは、通常機能している社会規範が有効ではなくなる状態のことで、「公」と「私」の境界が消滅してしまい、暴力が噴出する可能性が高くなる。荻野（2005）参照。
（2）詳しくは第3章七九―八〇頁を参照。
（3）東京都二三区に関しては、各区の人口とした。東京二三区を一つの単位として計算すれば、人口百万人以上の都市のいじめ自殺率はより低い値となる。
（4）いじめ自殺が起こった地域の当該年人口の出典は、自治省行政局編『住民基本台帳に基づく全国人口・世帯数表』大蔵省印刷局、同編『住民基本台帳に基づく全国人口・世帯数表　人口動態表』国土地理協会、同編『住民基本台帳人口要覧』国土地理協会。
（5）松山の研究は、戦後の旧軍用地の利用に関するほとんど唯一の包括的な研究である。
（6）「阿見町発達史」は未刊原稿のみ残されており、阿見町史編さん委員会（1983: 522）が引用している。
（7）〈化学の支配〉とは、ペーター・スローターダイクが『空震』（2002＝2003）で展開している議論と重なる。スローターダイクは、近代戦の特徴は「化学戦」にあり、そこでは人間の身体ではなく、「環境」を破壊することがおもな目的となっているという。第6章一八八頁参照。

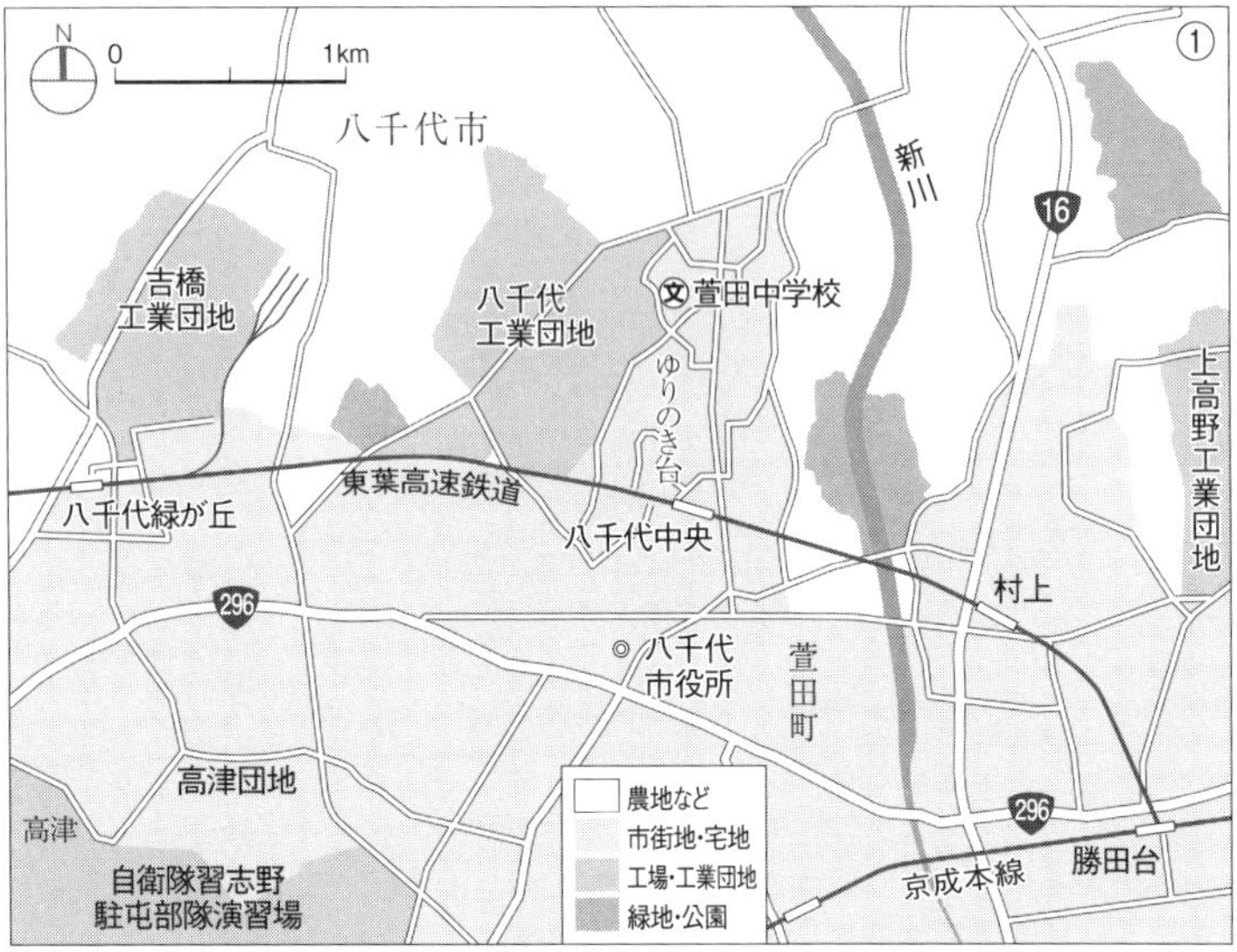
①
N
0
1km
八千代市
新川
16
吉橋
工業団地
八千代
工業団地
萱田中学校
ゆりのき台
上高野工業団地
東葉高速鉄道
八千代緑が丘
八千代中央
村上
296
八千代
市役所
萱田町
高津団地
高津
自衛隊習志野
駐屯部隊演習場
農地など
市街地・宅地
工場・工業団地
緑地・公園
京成本線
勝田台

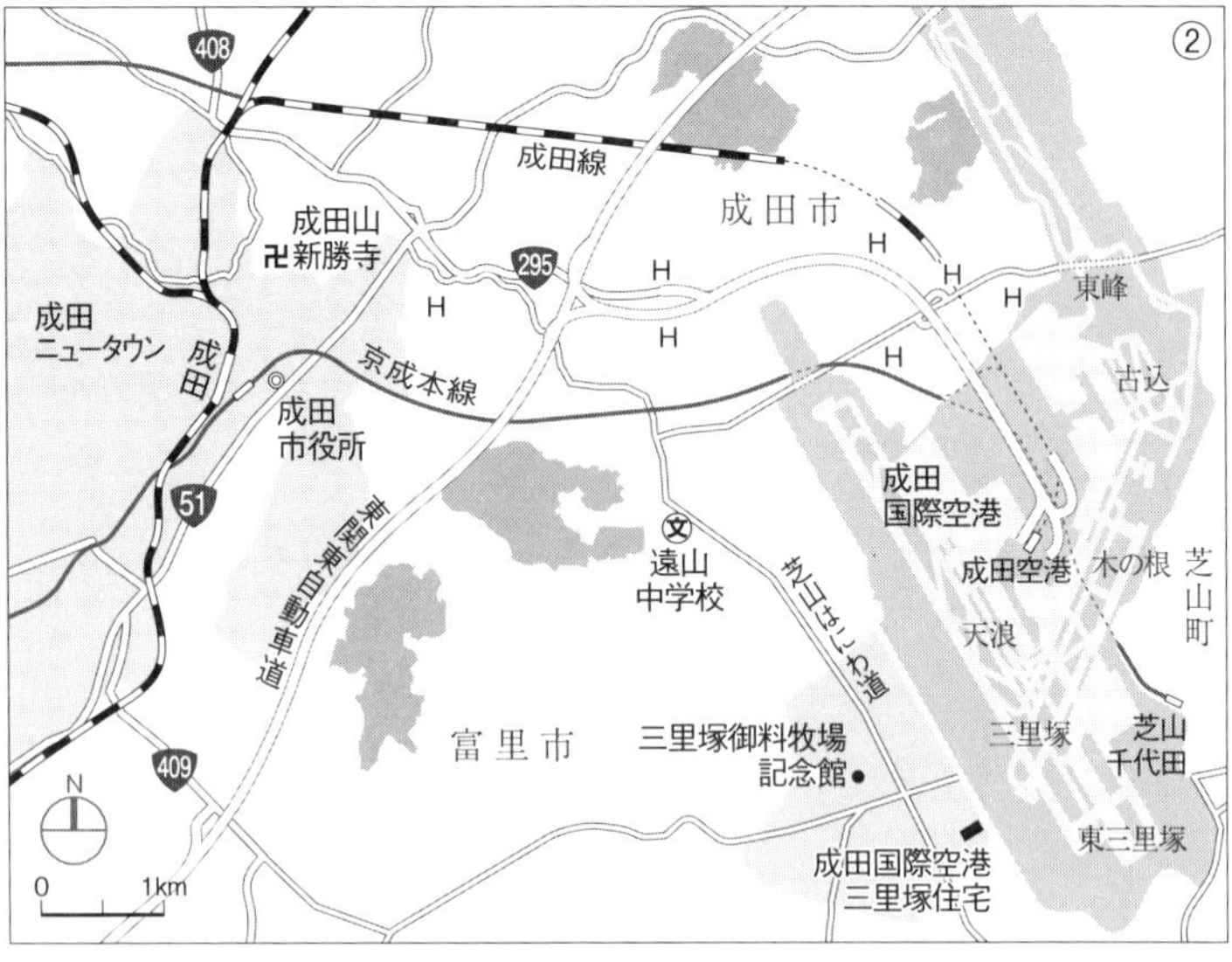
②
408
成田線
成田市
成田山
新勝寺
295
東峰
成田
ニュータウン
成田
京成本線
古込
成田
市役所
51
成田
国際空港
東関東自動車道
遠山
中学校
芝山はにわ道
成田空港
木の根
芝山町
天浪
富里市
三里塚御料牧場
記念館
三里塚
芝山
千代田
409
N
0
1km
東三里塚
成田国際空港
三里塚住宅

第2章　軍隊の痕跡の後に——残された農地、失われた農地

敗戦直後の最大の課題は、旧軍用地をいかに再利用するかという点にあった。そして、その多くは当初、緊急開拓事業の一環として、農地に転用された(1)。その目的は、敗戦後の決定的な食糧不足を解消すると同時に、六五〇万人を越える元軍人や引揚者に、職を提供することにあった(2)。引揚者が戦後の日本社会の変容に果たした役割は、あまり触れられることはないが、敗戦後の短期間に大量の帰還者がいたことは、それだけで社会を変えるだけの力をもったことは疑いない。厚生省は、戦後の日本が経験した引揚は「地理的規模」と「人員の総量」において前例がないと言い、次のように指摘する。

内南洋、ニューギニヤ、オーストラリヤ、ニュージーランド、ビスマーク諸島、ソロモン諸島、ボルネオ、蘭領東インド、馬来半島（シンガポールを含む）、ビルマ、タイ、仏領印度支那、台湾、満州（内蒙古含む）、中国、朝鮮、樺太および千島、欧露・シベリヤ・外蒙などソ連邦と関係諸地域、

ハワイ、米本土、カナダ、南米、ヨーロッパ諸国、トルコ、アフガニスタン、その他ほとんど地球上のあらゆる隅々から日本人は故国へ帰還した。これは人類が経験した最も広範囲な集団人口移動である（厚生省援護局 1978: 第三章 11）。

ここで言われているように、「人類が経験した最も広範囲な集団人口移動」であるかどうかはわからないが、少なくとも、こうした表現がけっして大げさではないほどの人口移動があったことだけはたしかである。しかも、これほど規模の人口移動が、きわめて短期間のうちに進んだ点もほかに類例がないと厚生省は言う。敗戦後、世界の至るところから膨大な数のひとびとが日本に帰還した。つまり、敗戦は、数多くのひとびとの移動を促すできごとだったのである。

大量の人口移動は、帝国日本が支配していた旧植民地が脱植民地化していく過程でもある。日本の国土は、帝国時代の44％にまで減少しており、それは、日本にとって、食糧、物資の供給源であった植民地が、忽然と消滅したことを意味する。それが戦後の食糧難、物資不足を招く要因の一つとなることは、言うまでもない。

近年の社会学や歴史研究では、戦争経験が問題にされる場合、その個人的な経験の記述に終始しがちである。戦争経験は、しだいに「個人化」されてしまう。しかし、短期間における大量の人口の移動が、戦後社会に何をもたらしたのかという点こそ、問われなければならない社会学的問題なのである(3)。

1　旧軍用地から農地開拓へ

緊急開拓事業は、空襲を受けた都市が壊滅状態にあり、しかもそこに大量の帰還者がやってきた危機的状況に対する対応策である。開拓事業は、一九四五年一〇月二六日、農林省に開拓課が新設され、同年一一月九日、「緊急開拓事業実施要項」が閣議決定された時から本格的に進む。それは、五年間で155万町歩を開墾し、「帰農戸数八一〇〇万戸ヲ目標ト」する大規模な計画であった（1町（歩）＝約1ヘクタール）。

この開拓事業計画で重要な位置を占めるようになるのが、旧軍用地である。緊急開拓事業実施要項の第三には、旧軍用地や国有林野の積極的利用による農地の確保が謳われている。その後、一九四五年一二月二九日には、旧軍用地以外の土地取得も円滑に行えるように、農地調整法の改正が行われており、開拓事業の対象が軍用地以外にも広げられている。ただ、現実には開拓用地にするための私有地買収はなかなか進まず(4)、結果的に、開拓者の入植地は旧軍用地が中心となる。たとえば愛知県の場合、開拓地取得面積の38％、農地開発営団開発地として開拓された旧軍用地を含めると、戦後開拓された土地面積の45％が旧軍用地だった（愛知県開拓史研究会 1980: 267）。

それでは、旧軍用地は敗戦直後の日本において、どれほどの敷地面積があったのか。戦後、軍隊が解体した後、旧軍用地を管理したのは大蔵省である（一九四五年八月二八日閣議決定）。「昭和二〇年度末一般会計雑種財産内訳」によると、陸海軍の旧軍用地は併せて26万8822町あり、そのうち陸軍省が

23万8718町、海軍省が3万104町の敷地面積を有していた（大蔵省財政史室 1976: 18）。

ただ、旧軍用地の正確な位置を完全に掌握することは、ほぼ不可能である。それは、旧軍用地の大蔵省への移管が、書類引き渡しのみによって行われており、しかも財産関係の書類のなかには戦時中に消失したり、終戦後破棄されたものが多い点に起因する。実際の引き継ぎも、現地の陸海軍部局の立ち会いの下で行われる手はずになっていたが、部隊は現地解散しており、円滑に行われなかったという。その結果、国有財産台帳の記載と実態のあいだに著しい乖離が生じることになったのである。

また、軍隊が買収したにもかかわらず、所有権移転登記が済んでいない旧軍未登記財産が数多く存在することも、旧軍用地の実態把握を困難にしている。こうした問題が起こったのは、一九四一年、地主の生活を脅かすことなく、軍施設の増強を目的とした土地買収を進めるために、所有権移転登記前に代金の支払いを認める特例措置が施されたからである。その結果、実際には軍用地として利用されていたにもかかわらず、所有権が移転していない物件が大量に存在することになった。旧地主のなかには所有権移転登記を拒否する者も数多くおり、所有権をめぐって国とのあいだに係争が起こる場合も少なくなかった。一九五五年前後で、面積にして35平方キロメートル（3500町）、約3万件が要処理物件として残っていたという。日中戦争開始以来、特に太平洋戦争に突入してからの、軍用地の飛躍的な増加が、戦後所有権をめぐる新たな問題を生むことになったのである(5)。

なお、農地開拓など直接戦後復興の目的で利用された土地のほかに、連合軍によって接収された旧軍用地が存在する。一九五一年九月三〇日の時点で、連合軍より未返還の土地が1億3054万2000坪、返還済の土地が8億1539万坪で、合わせて9億4593万2000坪（約3127平方キロメートル、31万5311町＝筆者換算）と『昭和財政史』では計算されている（大蔵省財政史室 1976: 156）。連合軍は、旧軍用地以外の土地、建物も多く接収している。ただし、これらの土地に関しても旧軍用地全般同様、個々の物件に関して正確なデータが残されているわけではない。その経緯について、「日本政府の確実な管理下にあったものを連合軍に提供したものであれば、その数量、金額は明確となるが、占領後旧軍財産をまず接収し、そのなかから不用のものを日本政府に返還するという順序であったから、戦後の旧軍財産管理が不確実であったことと重なって、連合軍の管理下に残った国有財産は不明確なものであった」（大蔵省財政史室 1976: 168）と指摘している。

軍事施設設置のための戦時期の急速な土地取得、敗戦による混乱、連合軍による接収のなかで、実際にどこまでが軍用地だったのかを確定することは不可能である。この点を勘案したうえで、戦後農地に転用された旧軍用地の全体像をとらえようとするとき、現在入手可能な史料のなかでは、農林省開拓局管理課による「昭和二〇年一〇月末現在　旧軍用地に関する調査報告原義」が参考になる（農林省開拓局管理課 1945）(6)。これは農地開拓の目的で、農林省が各都道府県を通じて、旧軍用地の種類、軍施設ごとの総面積と農耕可能面積および各施設の開拓事業主体を調査、報告させたものである。たとえば、阿見町（当時阿見村）の場合、霞ヶ浦海軍航空隊、土浦海軍航空隊、霞ヶ浦海軍経理部、霞ヶ浦海軍軍需部の四つの施設に関するデータが載っており、事業主体はすべて茨城県農業会となっている。霞ヶ浦海軍航空隊の総面積は400町、土浦海軍航空隊は110町で、開発可能面積は、それぞれ350町、12町、土浦航空隊跡地のうち2町はすでに開墾が始まっている。

各都道府県が提出した報告を合計すると、旧軍用地の総面積は、29万3583・83町である。これは、大蔵省の雑種財産内訳より大きな数字であるが、各都道府県が実地で調べているだけに、より正確な数字に近いであろう。もちろん、この報告書に記載されていないものもあり、旧軍用地の総面積は、30万町、3千平方キロメートル以上は確実にあったと推定できる。また、報告書によれば、開発可能面積は11万4556・2町、1145平方キロメートルで、総面積のほぼ39％が農地として開発可能だという見積りが出されている。開発可能面積すべてが実際に開墾されたわけではないだろうが、おそらく10万町以上の新たな農地が、敗戦直後に創出されたのである。

2　習志野原開拓

新たな農地の創出は、一時的ではあるにせよ、農業への新たな参入者を生み出した。食糧難から新たに農地が開拓され、多くの農業未経験者がそこに入植した。戦後の農業は、伝統的な農村だけで営まれてきたわけではなく、戦後新たに生まれた農業地域が存在するのである。

こうした「新しい農地」は、けっして農業に適していたわけではない。開拓地はおおむね立地条件が悪く、農業生産にはまったく向かない土地を開墾せざるをえなかった。また、旧軍用地のなかでも飛行場や演習場として使用されていた土地を開墾することは、特に大変な作業であった。飛行場の滑走路建設は、土地を平坦にして固める必要があるが、これを再び農地として開墾するには、大変な労力を要する。本来農地に適した土地であっても、一度軍用地として別の用途に利用されると、農地に戻すのは容易なことではないのである。

旧習志野原演習場

習志野原に陸軍演習場が設置されたのは、一八七四（明治七）年のことで、軍用地としては最も古い部類に属する。戦前は近衛師団騎兵第一旅団と第一師団騎兵第二旅団が駐屯していた。習志野原演習場の跡地は、新しい農地開拓の典型である(7)。なぜなら、旧軍属や旧植民地からの引揚者が、戦後新たにそこを開拓し、まちをつくり上げていったからである。

旧習志野演習場は、敗戦から一週間経たない一九四五年八月二一日には「習志野農場」が誕生し、一〇月一九日に、それは「習志野開拓団」となる。習志野原における開拓地建設に奔走したのは、終戦時に陸軍習志野学校の職員だった平林巌である。平林の兄は、農地開発営団に勤め、長野県野辺山農場を経営していたが、硫黄島で戦死を遂げた。「農地開発」を進めていた「兄の遺志を継ぐ」ことが、「日本再建に尽すべき道」だと考え、平林は、開拓団創設に尽力したのである（平林 1954: 23）。

その平林が、当初創設しようとしたのは、集団農場だった。しかし、これはすぐに挫折することになった。その理由の一つは、第1章でも触れたように、農地開拓政策とは関係なく、戦時中から作物を栽培していた旧軍人の一部が、現地自活隊として旧軍用地にそのまま残って農作業に従事しており、これらのひとびとが、開拓団を組織しようとする動きには無関心だったからである。

またそれだけではなく、集団農場計画の破綻は、新たな入植者のあいだで、対立が深刻化したことにも一因がある。安生津開拓者の会の記録によれば、「指導部と一般入植者が対立状態のようになりました」とある。ここで言う「指導部」は平林の「取り巻き達」で、この取り巻き達が「いばり出し」、開発事業所は、「よい感じでは」なかったという（安生津開拓者の会 2005: 17）。取り巻き達が本当にいばっていたかどうかはともかく、指導部と入植者のあいだに対立があったことだけは、たしかであろう。

こうして、集団農場ではなく、個人営農となったが、この点について平林は、「零細四百世帯が依然として、手労働による幼稚なる個人経営を余儀なくせられたのであって、返す返すも残念で耐えない」（平林 1954: 68）と回顧している。当初、平林が見たような集団農場を通じた新しいタイプの農業開発の夢は、現実の前にもろくも崩れ去ったのである。

その後も、開拓地には次から次へと問題が生じた。前節で触れたように、旧軍用地は元々私有地だった場合が多く、戦後、所有権を主張する農民から土地返還要求の運動が起こった。習志野原の場合、一九四五年一二月末から、返還要求が始まっている。要求の内容は、以下のようなものである。

一　畑の不足につき畑を返せ
二　水田を返せ
三　採草地を返せ
四　山林を返せ

当時折衝に当たった平林は、地元民によるこれらの要求をすべて受け入れたのでは、開拓はできないので、「新規入植」を優先し、「真に必要なる山林、原野」に関しては、地元に返還するという方針を採ったと記している（平林 1954: 45）。

これは、地元の農民と入植者とのあいだにも、対立があったことを暗に示している。そもそも、戦前軍事施設の設置は公共事業の性格をもっていた(8)。しかし、国家に土地を渡さざるをえなかった農民たちに、不満がなかったわけではない。

日本が戦争に突入していくに従い、習志野原演習場の規模は拡大していく。日本全体を見ても、実際に軍用地が増大したのは、一九三〇年代以降で、特に本土決戦が決まってからは、飛躍的に軍用地の敷地は拡大した。たとえば、静岡県富士市に富士飛行場の設置が決まったのは、一九四四（昭和一九）年のことである。二月二三日、陸軍航空本部は、村田主計大尉を派遣して、地元住民に協力を求めたという。「関係者にはまさに青天の霹靂であったが、（……）ただ『勝つために』との一念から、声涙を呑み、歯を食いしばって、忍び難きを忍んで、父母の血と汗とで築いた土地を去り、住み慣れた家を移転することを承諾し」た（富士市史編纂委員会 1966: 866）(9)。

土地を明け渡すということは、「父母の地と汗」を否定することであり、それはみずからの存在を否定することにもつながる。しかも、「農地を失った農民は、（……）このとつぜんの働く場の喪失で、生活の苦難ははかりしれないものがあった」（富士市史編纂委員会 1966: 868）。

農民は、「声涙を呑」んで、みずからの土地を国家に供出したのであり、けっして喜んで土地を軍隊に明け渡したわけではない。しかも富士市の場合には、戦後すぐに農民に土地が返却されたわけではなく、引揚者や旧軍属と同じ「入植者」として改めて、かつて住んでいた場所に戻ることが許されたのである(10)。

開拓地では、戦前からの土地所有者、権利者と入植者との対立だけではなく、新たな他者が入ってくることによっても問題が生じた。それは、米軍の進駐である。一九四六年四月に、習志野原の入植地の一部が、米軍に接収されることが決まった。入植者一〇七戸が退去を余儀なくされることになり、「入植者一同の驚きと失望、錯乱は筆舌に尽し難いもの」だったという（安生津開拓者の会 2005: 23）。翌年には、米軍が射撃場で実弾射撃を行い、流れ弾に当たって、入植者一人が命を落とすという悲劇が起こっている。

旧軍用地の所有をめぐって、戦後、異なる立場の者同士で、さまざまな確執が生じた。それでは、開拓地に土地としての価値があったのかといえば、必ずしもそうとはいえない。習志野原の場合も、けっして農業に適した土地とはいえなかった。それどころか、生活することさえままならない土地だった。入植者の当時の生活ぶりについて、地元住民のある女性は、次のように語る(11)。

だって、ここにうちがあるとすると、隣のうちが見えないんだから。それくらいさみしいところでした。空の星がよく見えました。なにしろ、入植者が住んでいたのは、掘っ立て小屋ですから。雨戸もないくらい。床があったかどうかも知らないよ。中は見たことないから。トイレは、全部穴掘って、掘っ立て小屋作って。むしろみたいなのが下がったところにトイレがあったの。当時を知ってる人じゃないとあんな生活わかんないよ。

私なんかは、父の実家がこっちにあったから、東京を空襲で焼け出されて、こっちにきたけど。もともとこっちにあったから、そのままこっちに住めたけれども。それでも、都会からこっちへきて大変でした。私は、そのとき赤ん坊だったのでわかんないけど。母がね、着物をもってお米に代えてたのを知っています。終戦後、疎開してきた人たち。みな、雛人形も何も残ってない。

この女性は、東京で空襲に遭い、焼け出されて、父親の実家があった習志野原の方に疎開し、そのまま習志野原に残っている。彼女の幼少期の記憶では、入植者の生活は厳しかったようである。それは、困窮という抽象的な表現ではなく、ゴーリキーの小説のタイトルのように、「どん底」と呼ぶのがふさわしいような生活である。

そもそも、習志野原は関東ローム層が広がる土地にあり、そこに生活するとは、いわゆる「赤土」に悩まされることだった。赤土は、「雨が降ればぐちゃぐちゃ、乾けば飛び」、春一番の時には、砂塵を防ぐため、水中眼鏡をかけて歩いたというエピソードが残っているほどで、「人間が住むところではなかった」と地元民の一人は語っている（男性、六〇歳代）(12)。農地どころか、暮らしていくことさえできないようなどん底の地域だったのである。

入植者の生活

苦しい暮らしに耐えたひとびとだけが、この地域に残った。それでは、入植者の生活とは実際にどのようなものだったのかを、入植者自身のことばから見てみよう。

現在の習志野市の東部、住宅街の一角に、見晴し台のような建造物が建っている。それは、中国に築いた囲壁砲台の模造で、かつて演習場があった時に演習で用いられていたものである。入植者のあいだでは、この砲台は「支那家屋」と呼ばれていたが、現在では、周辺住民のなかでもこのミニチュア砲台の存在を知る者は少なくなっている。

「支那家屋」に住み始めた入植者は、「支那家屋のコンクリートの寒さ」のためか、長女が肺炎になったと述懐する。その後「試験家屋」(13)が建てられたが、それは「半分が畳、半分が板の間と土間。杉の皮で葺かれた屋根の為、寒い冬の朝は、布団の上は真っ白な雪だらけ。夏の俄雨となると大変で、雨漏りのため、洗面器バケツ、タライの総動員」（習志野原開拓史編纂委員会 1987: 75-76）だったという。一九四八年に、習志野に入植した女性は、支那家屋に住んでいた女性同様、杉の薄い皮を重ねたいわゆる「トントン葺き」の屋根がある試験家屋に入居した。

家の中に入ると六帖の間が一つと、そばに板の間が三帖位い、台所らしい物はなく土間に小さいジャガイモがころがっていました。壁は荒壁のままで手でさわると土がざらざらとこぼれ落ちました。電灯はつかずランプでした。私は只只悲しく涙がとめどなくこぼれ落ちました（習志野原開拓史編纂委員会 1987: 67）。

「只只悲しく涙がとめどなくこぼれ落ちました」ということばは、試験家屋がいかなる状態であったのかを端的に物語っている。試験家屋は、かろうじて雨露をしのげる程度で、家とは名ばかりのものだった。電気も通っていない状態で、そのようななかでいかに生活していくべきなのかわからず、ただ不安ばかりが先に立つ。それが、とめどない涙を誘ったのであろう。

電気設備の工事が完了したのは、この女性が入植した一九四八年暮、一二月二八日のことだった。電灯が灯ると、各家々から歓声がわき起こったという（安生津開拓者の会 2005: 33）。

水道設備が完備するのは、電気に比べてもはるかに遅い。当初は井戸を掘り、水を調達していたが、住居から井戸まで距離があり、毎日の水汲みだけで大変な作業だった。その後、東京の豊多摩刑務所から移ってきていた受刑囚(14)の協力があり、一軒から数軒の割合で井戸を掘ったが貯水量は少なく、風呂に水を入れると井戸が空になるような状態だった。水道が完備したのは、一九六〇年代に入ってからのことであった。

最低限の生活さえ保証されないなか、前述したように悲劇が起こる。それは、米軍演習の流れ弾に当たって死者が出るという事件である。一九四六年の四月下旬から、米軍の実弾射撃が行われるようになり、入植地の畑や住居まで流れ弾が飛んでくるようになった。それは、実戦さながらの激しいもので、弾が「屋根を打ち破り、土間にあった盥の中で、グルグルと回りながら悪魔の声のような音をたてていた」という(習志野原開拓史編纂委員会 1987: 100)。

事件が起こったのは一九四七年一〇月一一日のことで、芋の収穫期に当たっていた。その日は銃声が聞こえなかったので、芋掘りの作業に当たっていた入植者の一人が、流れ弾に倒れた。その時の様子は、次のように記載されている。

> 耕地にいた土井さんに、開拓組合事務所の会報を持った隣家の田中さんが声をかけた。二人は笹の根の山に腰をおろした。
> 突然、銃声がおこった。土井さんは、この日自分で耕したばかりの黒い土の上に突っ伏した。不気味な実弾射撃の音の高鳴る中で、田中さんが声をあげて付近の耕地にいた仲間を呼んだ(習志野原開拓史編纂委員会 1987: 100)。

負傷者を搬送する交通手段がないなか、戸板に土井さんを乗せ、入植者たちが徒歩で一時間ほどかけて旧陸軍病院まで搬送したが、手術中に亡くなったという（安生津開拓者の会 2005: 23）。この事故死は新聞で取り上げられることはなかった。事故に対する補償もなかった。

この事件が起こった後も、米軍の射撃訓練は続けられた。一九四八年五月に入植した女性は、次のように回顧している。

> 我が家に裏から、鉄砲の弾が打ち込まれているのです。当時、我が家は自衛隊（米軍をさすと思われる＝筆者注）の射撃練習場の前方に、位置しており、練習の流れ弾丸が我が家を襲うのです（習志野原開拓史編纂委員会 1987: 69）。

事実、一九五二年四月二八日、サンフランシスコ平和条約が結ばれた日に流れ弾に当たり、貫通銃創を受けた男性がいる(15)。この時期、米軍は迫撃砲を用いた訓練を行っており、この男性の家では、「迫撃砲の弾が風呂場の前で破裂し、チャブ台が半分に毀れた事」があったという（習志野原開拓史編纂委員会 1987: 140）。

このような過酷な状況で、土地を耕作し、収穫を得るのは容易なことではなかった。しかも、ほとんどの入植者は、農業を経験したことがなかった。すでに指摘したように、緊急開拓事業は、おもに旧軍属や旧植民地などからの引揚者を対象としていたからである。

農業による収入だけでは生活ができないので、多くの入植者は現金収入を得るため、日雇い労働などの「出稼ぎ」をしながら糊口をしのいだ。「子ども達も、ずい分学校を休ませて、手伝わせ」たという（習志野原開拓史編纂委員会 1987: 55）。酪農を志す入植者も多かったが、当初は博労にだまされたり、せっかく搾った乳の納品先の企業が倒産し、代金を得られないなど、酪農に転じても決してすぐに収入が得られるようになったわけではなかった。

3　開拓の終焉

八千代台団地・高根台団地

現在、旧習志野原演習場の周囲には二つの私鉄が通っている。一つは、戦前から津田沼と成田を結ぶ京成、もう一つは、戦後一九四七年に開業し、一九五五年に津田沼、松戸間が全面開通した新京成である。新京成線は、旧鉄道連隊の演習線を再利用して、京成電鉄が企画、設立したものである。一九五五年からこの二つの私鉄沿線に、住宅団地が建設されていく。まず開発されたのは、習志野原開拓地の東に位置する高津新田である。高津新田は、一九三八（昭和一三）年に演習地の一部となった地域で、一九五五年、千葉県住宅協会によって八千代台住宅団地が造成された（一九五八年完成）。京成八千代台駅西口には「住宅団地発祥の地」という石碑が建っており、次のようなことばが刻んである。

附近には明治以来習志野騎兵旅団が駐屯し、団地もその旅団の練兵場であったが、時は移り昭和三〇年三月多くの方々のご協力を得て千葉県住宅協会の手でこの地に全国初の住宅団地が誕生した。これが契機となって住宅金融公庫の団地造成に対する融資制度も確立し全国に続々と住宅団地の造成を見るようになった。今から見れば八千代台団地は必ずしも大団地とはいえないが、団地誕生の歴史を回顧すれば八千代台団地のできたことは洵に意義深いものであった。

「今から見れば八千代台団地は必ずしも大団地とはいえない」とあるが、団地という名が冠せられているものの、建物は一戸建ての分譲住宅で、現在、当時の建物はほとんど残っていない。八千代台団地造成に合わせて、一九五六年には京成八千代台駅ができている。そして、駅周辺部に商店街が生まれる。千葉県住宅協会とは別に、一九五五年に設立された日本住宅公団（現都市再生機構、UR）が、一九五七年に同じ名称の八千代台団地を建設している。これは、二階建てテラスタイプの集合住宅で、現在も建物が残っている。ただ、公団の八千代台団地も小規模で、建物の周囲にはゆとりのある空間があり、規格化された建物が建ち並ぶ団地のイメージとは異なっている。

習志野原の西部を走る新京成沿線においても、一九六〇年に日本住宅公団によって高根台団地が誕生する。ここもかつての習志野演習場の一部であった。この団地造成は、新京成電鉄が積極的に推し進めたもので、住宅公団とのあいだで、団地付近に新たに駅を設置し、当時の国鉄総武線津田沼駅付近に新津田沼駅を移転して、団地住民の便宜を図ることなどを前提に、団地造成の契約が結ばれた（習志野市教育委員会 1995: 1011）。この契約に基づいて、一九六一年に高根公団駅が誕生する。

ほとんど未開の地であった習志野原に変化が現われるのは、この時期からである。住宅公団が提示した居住形態は新たな生活様式を生み、それが、習志野原だけではなく、日本の生活環境を一変させていくことになる。それは、生活の〈化学化〉時代の幕開けであった。衣食住にその産物である合成素材が大きな役割を果たす時代が到来するのである。

この点については、住宅公団が設計した団地の2DKタイプを見るとよくわかる。2DKとは言うまでもなく、二部屋にダイニングキッチン（DKはdining kitchenの略）がある団地の典型的モデルである。台所はステンレス製システムキッチンが備えつけてあり、かつての日本家屋における暗い土間とは大きなちがいである。朝食にはパン食が普及し、夕食には「洋風」の惣菜が並ぶようになる。また、応接セットやテーブルが利用されるようになり、畳の上ではなく、いすに座る生活が始まる(16)。

ただ、習志野原の環境が、すぐにその過酷な風土を消し去り、化学化されたかといえば、そうではない。高根台団地ができた頃は、まだ団地の周囲は舗装されていなかったので、関東ローム層の赤土がむき出しで、地面は雨が降ると至るところに水たまりができるような状態だった。団地に住むひとびとも、東京まで「出稼ぎ」に行っていた入植者も、駅まで長靴を履いていき、駅で革靴やハイヒールに履き替えて通勤した。長靴を置いておくための下駄箱が備えつけてある駅があったほどである。

工場誘致

習志野原に団地が誕生する一九六〇年頃から、習志野原の東部では工場誘致運動が起こる。入植者のあいだでは誘致について賛否両論があり、誘致が決定するまでかなりもめたようであるが、入植者を雇用するという条件で一九六一年、日立製作所、鈴木金属工業、八幡溶接棒（現日鐵住金溶接工業）、三井木材（現ニチハ）の誘致が決まる。翌年、東京都江東区にあった日立製作所亀戸工場の一部が移転し、一九六三年、日立製作所習志野工場が正式に発足した（現日立産機システム）。

工場の誘致によって、それまで苦労して耕作してきた農地を売却しなければならない入植者が生じた。特に、米軍による土地接収で移転を余儀なくされた入植者にとっては、二度目の移動になる。これが懸念材料となり、誘致に反対する者が現われた。ただ、結果的に工場誘致の実現は、入植者に不幸をもたらしたわけではなかった。入植者はこの誘致を契機に、それまで住んでいた「開拓小屋」（入植者による表現）を出て、移転先で新築の家を建てることができた。また、日立製作所などの工場で働けるようになり、収入も安定するようになった。農地以外の土地利用が可能になったため、貸家やアパート経営に乗り出す入植者も出てきた。

工場の進出は、同時に農業開拓地としての習志野原の終焉を意味していた。酪農を営んでいたある女性は、「会社が出来、道路が舗装され、ガス水道が完備し、生活が文化的になるにつれ、人口も増え、何処からともなく聞こえてくるのは、牛がくさい、蠅が多くて困ると言った声です」と当時を振り返る（習志野原開拓史編纂委員会 1987: 60）。結局、女性は一九七四年に酪農を放棄し、「牛は貸家に替わ」る。一九四八年に発足した南習志野開拓協同組合は、一九六五年を境に事実上活動を停止し、女性が酪農継続を断念する以前の一九七〇年三月、臨時総会を開いて解散した。習志野原で一つの時代が終わったのである。

工場誘致は、赤土と春一番に象徴される習志野原の風土が化学化される以前に、環境汚染を引き起こす。一九七〇年秋、この地域を流れている高津川から、イタイイタイ病の原因となるカドミウムが検出されたからである。それは、一九六二年に移転してきた日立製作所が排出していたものである（八千代市史編さん委員会 1978: 569)。牛が放つ臭いは消えたが、その代わりに化学物質が拡散する可能性と危険性が生まれつつあったのである。

ただ、それでも農地が完全に消滅することはなかった。習志野原入植者のある女性は、次のようにみずからの人生を振り返る。

乞食のような姿が目に浮かぶ。なりふりなどかまってはいられなかった。(……) 今、八十才も目の前になって、本当によく生きのびたものだと驚く。若さであったなあと振り返る。あと何年生きるかと思いながら、畑作りは、我が生甲斐とやみつきになり、やめられない現在である (習志野原開拓史編纂委員会 1987: 55)。

この女性は、習志野原入植後の一九四九年に夫をなくし、その後は一人で五人のこどもを育てなければならなかった。それでも、農業は「生甲斐とやみつき」になり、「やめられない現在」だという。習志野原で、農業が中心的な産業ではなくなって久しい。それにもかかわらず、工業団地、現代的な住宅、ロードサイド店舗に混じって、農地が点々としているのは、このような女性がいるからである。生業としての農業は成立しなくなったにもかかわらず、一部、農地を耕作し続けている開拓者が存在する。それは都市化が進み、産業構造が変化したにもかかわらず、残っている第一次産業の痕跡である。

習志野原同様、旧軍用地だった富士市や阿見町にも同じような小規模の田畑がある。敗戦直後、旧軍用地を利用して「急造」された農地の多くの部分は、その後、工業用地や住宅地への転換を余儀なくされた。その結果、開拓民が苦労して作り上げた田畑は、いまやほんの一部しか残っていない。しかし、見方を変えれば、産業構造の転換にもかかわらず、いまだに農地が完全に消滅せず残っているということもできる(17)。

ところで、地域が変容していくなかで、習志野原において戦前から一貫して存在する土地の利用法がある。それが、まさに「軍事演習場」としての利用である。習志野原は、戦後も米軍が進駐し、それを陸上自衛隊が継承しており、現在は自衛隊の空挺団が駐屯している。東習志野を歩いていると、現在でもパラシュート部隊の演習を見ることができるのである。

戦前から今日に至るまで引き継いでいるのは、演習だけではない。習志野原には一九三三(昭和八)年に陸軍習志野学校が設立された。開拓の中心となった平林巌も、そこの職員だった。習志野学校では化学兵器に関する教育を行っており、「真毒使用場」があったことがわかっている。そのため、毒ガス弾が「無害化」されずに埋められた可能性があるとして、現在に至るまで環境調査が行われている。いまのところ実際に毒ガス弾は発見されていないが、習志野原は化学化の出発点となる毒ガスの研究が、戦時中に行われていた場所の一つだったのである。

4 周辺部の開発

ゆりのき台団地

旧習志野原演習場の開発は、一九六〇年代からしだいにその周辺部に拡がっていく。前節で見たように、習志野原東部では、工場の誘致と移転が始まる。かつての演習場の最東部に当たり、東習志野に隣接する八千代町には、一九六二年に八千代工業団地が造成される。一九六七年、八千代町は八千代市となり、工業団地造成から五年間のあいだに、人口は2万4252人から4万2806人に増加している。その後も、一九六八年に上高野工業団地、一九七一年には吉橋工業団地ができ、人口はこの年、7万1689人に達している。

ただ、八千代工業団地の周辺が住宅地として開発されるのは、一九八〇年代に入ってからのことである。萱田地区と呼ばれていた周辺部は、工業団地の分譲から二十年以上経って、ようやく本格的な住宅地化が進むのである。すでに第1章で見たように、戦後の開発は、まず旧軍用地を中心に行われる。その周辺部の開発が本格的に進むのは、一九七〇年前後からである。八千代市に上高野工業団地や吉橋工業団地ができるのが、この時期に当たる。旧軍用地の周辺部に当たる八千代市において住宅地開発計画が実現していくのは、それから十年以上経過してからである。

そのきっかけとなったのは、東京都と八千代市を直通で結ぶ東葉高速鉄道建設計画である。この計画は一九七〇年に、八千代市が千葉県や船橋市と「内陸鉄道建設促進同盟」を発足させたことに始まる。二年後、当時の運輸省都市交通審議会が、営団地下鉄東西線を西船橋から八千代市の勝田台まで延長する旨の答申を行い、八千代市議会は「早期実現に関する意見書」を採択した。こうした一連の動きは、八千代市における工業団地の造成とほぼ軌を一にしている。この時点では、一九七五年には工事が着工する予定だった。

この計画が実現すれば、八千代市から東京都心への通勤時間は、既成の京成線利用に比べて、三〇分以上短縮されることになる。近いうちに、東京の通勤圏となるであろうという判断から、すでにこの時点で、東京から八千代市へ移住するひとびとも増えた。ある住民は、「公害がひどく佐倉に越してきましたが一、二年で東西線が来るということで昭和五〇（一九七五）年勝田台に移ったんです」という（八千代市発行『広報やちよ』一九九一年九月一日）。勝田台は、八千代市の東に位置し、東葉高速鉄道の終着駅が建設されることになっていた。

本来は、営団地下鉄東西線が勝田台まで延長される予定だったが、一九八〇年、建設省が第三セクターによる鉄道敷設を決定して、ようやく新線建設のめどが立つことになる。翌年、東葉高速鉄道株式会社が設立され、鉄道敷設の免許が下りたのは一九八二年、敷設工事が着工したのは、なんと一九八六年三月のことである。この遅れの原因の一つは、京成電鉄の経営問題にあった。東葉高速鉄道が予定している路線の南には、すでに京成電鉄が走っている。しかし、東葉高速鉄道が開通すると、相当数の京成線の乗客が奪われる可能性があったからである。

東葉高速鉄道の運行業務は、京成電鉄が当たるなどの解決策が講じられ、鉄道敷設工事着工と同じ年に、新たにゆりのき台と名づけられる萱田地区の開発が本格的に始まった。一九八七年には、ゆりのき台団地の分譲が開始された。近いうちに都心とゆりのき台を直通で結ぶという東葉高速鉄道の敷設計画は、東京郊外の街並みに似せたゆりのき台へひとびとの関心を引きつけ、団地住民は増加していった。しかし、実際にゆりのき台団地の最寄り駅八千代中央ができたのは一九九六年である。それまでは東京へ通勤する場合、バスで京成大和田駅まで行かざるをえなかった。

ゆりのき台団地のある地区には、広い道路が碁盤目状に広がり、新たに造成された地区だけを見れば、合成素材によって作られた現代的な風景がある。『広報やちよ』にはゆりのき台について、「この街の特徴は、景観を重視した一六七〇メートルのメインストリート。街の中央をつらぬくこの道は、電柱や電線をなくした、ユリノキの並木道になる予定です」と記してある（『広報やちよ』一九八六年一一月一五日号）。それは、「都会的でありながら緑豊かな街」であるという。

ゆりのき台は、メインストリートのゆりのきの並木道を中心に開発が進み、八千代市の人口が15万人を越えた一九九一年に、萱田中学校、翌年には萱田小学校が開校する。メインストリートだけを歩けば、そこには「緑豊かな街」が拡がっている。市の区画整理事業区域は景観重視が謳われ、化学化された風景がそこに拡がっている。しかし、区画整理された新たな住宅以外の景観は、対照的な様相を呈している。区画整理の計画図では、「住宅地」「公共的施設用地」「公園・緑地」の三つの土地分類がなされているが、その周辺部は区画整理、すなわちまちづくりに関する計画の対象外である。計画区域の東側には、木造瓦葺きの一戸建て家屋が建ち並び、農地も点在している。小さな墓地もある。また、萱田中学校の西側には、八千代工業団地があり、そこには化学工場が建ち並ぶ。新たに建設されるゆりのき台とその周辺部では、風景が大きく異なる。つまり、ゆりのき台の都市計画は、単に新たな住宅地を生み出し、化学化された景観を構築しただけではなく、同一地域における二つの対照的な風景を生み出したのである（地図①）。

八千代市のいじめ自殺事件

一九九九年三月、ゆりのき台団地分譲から一二年後に、萱田中学校である事件が起きる。それは、萱田中学校一年生が、一四階建てマンションから飛び降り自殺したという事件である。少年は、友人二人をカラオケに誘い、歌い終わるとハンバーガーショップで「おれがおごってやるよ」とごちそうし、その後に自殺したという。その後発見された遺書には、喫煙や万引きを強要されていたことが書かれている。また、自殺以前から、自転車が盗まれたり、自宅の財布から現金がなくなることがあったという（千葉日報一九九九年三月五日付）。

第1章で指摘したように、工場誘致などによる開発で人口が流入し、風景が脱中心化した地域にいじめ自殺が起こる。それは、旧軍用地の開発が飽和状態となり、開発がその周辺部に及んで以降のことである。しかも、開発開始から十年ほど経ち、開始時に生まれたこどもたちが中学生の年齢に達した時に、いじめ自殺が起こる。これは、この八千代市の事例にも当てはまる。

5　三里塚開拓から新東京国際空港へ

三里塚への入植

かつての習志野演習場は、東京湾に接する習志野市、船橋市、そして東に内陸部に入った八千代市に股がる。これをさらに東に進むと、かつて佐倉連隊があった佐倉市、そして成田市に至る。これらの都市を結んでいるのが京成電鉄である。

成田市は、成田山新勝寺がある典型的な門前町である。しかし、明治以降は、単なる真言宗の寺院の位置に留まっていたわけではない。新勝寺は、武運長久祈願などを通じて軍隊と密接な関係をもつことで、発展していったからである。特に一九三〇年代に入ると、佐倉歩兵連隊や近衛歩兵連隊など、さまざまな連隊や部隊の大護摩修行が行われた。新勝寺参詣者も日中戦争勃発以降、武運長久祈願のため、増加の一途をたどった。一九四〇（昭和一五）年に250万人に達した参詣者数は、敗戦一年前の一九四四（昭和一九）年には、太平洋戦争開戦時の二倍近くにまで増加している（成田市史編さん委員会 1986: 533）。

一方で、成田市近郊には三里塚御料牧場（一八八五〔明治一八〕年から宮内省管轄）があり、馬の繁殖や牧畜業が営まれていた地域でもあった。敗戦後、習志野原同様に、御料牧場も緊急開拓事業の対象となり、1444歩のうち約925歩が開拓地として開放された（歩は坪と同じ面積）。全国戦災者同盟を中心に多くの入植者が開拓地に入るが、地割をめぐって対立が生じ、これを収拾することは非常に難しかった。これは、旧習志野原演習場同様、敗戦直後から、御料牧場が開放されるという情報が流れ、勝手に牧場に入って、鋤入れを行った者が少なからずいたことも手伝っている（福田 2001: 39）。そこで、一九四六年に地元入植者の三団体（遠山村、富里村、二川・千代田村）、全国戦災者同盟、沖縄出身者から成る沖縄協会によって、土地分割に関する話し合いがもたれ、八月三日に協定が締結された。そこで生まれたのが、天浪、木の根、東峰、古込、桜台の五つの開拓地区である。

沖縄出身者が多くいた理由については、その一人である新城寛政の手記によって、うかがい知ることができる（千葉県戦後開拓史編集委員会 1974: 105-107）。新城は一九四四年、旧トラック島（現在のミクロネシア連邦チューク島）から船で日本に向けて引き揚げる途中に、米軍の爆撃を受け、妻とこども二人を失った。一九四六年、浦賀の収容所を経て、沖縄出身でペルーなど南米からの引揚者が集まる埼玉県蕨市の収容所に滞在していた時に、三里塚牧場の一部が払い下げられるという話を聞き、ほかの沖縄出身者とともに三里塚に向かった。

ペルーからの引揚者の存在は、戦時期にペルー政府がアメリカに協力したため、日系のペルー移民約一八〇〇人がアメリカに「追放」され、強制収容所の生活を余儀なくされていた事実と関係がある。そのうち、約五〇〇人が戦時期に日本に送還され、終戦時には、約九〇〇人が日本への帰国を選んだ（仲田 2006: 104）。一八九九～一九二三年のペルーへの日本人移民を出身地別に見ると、沖縄出身者が最も多く、その20％以上を占めていた（Morimoto 1979 = 1992: 73）。

いざ三里塚に着いてみると、約束されていたはずの沖縄協会向けの土地はまったく用意されていなかった。そこで小屋を建て、じゃがいもを植えるが、翌日には小屋は撤去され、畑も荒らされていたという。そこで、牧場長と交渉して、天浪の馬小屋を借りることになった。そして結局そこが、沖縄出身者の開拓地となったのである。しかし、習志野原同様、三里塚の開拓も困難をきわめ、六〇歳以上の高齢者は、一九四六年九月には沖縄に引き揚げたという。

三里塚も習志野原のように関東ローム層に覆われ、春は火山灰土による「赤風」と呼ばれる風害が起こる。また、一九五六年に井戸ができるまで、生活用水を確保することさえ困難をきわめた。「何日も同じ水で風呂を焚いていると、垢が層になって浮いてくる」（福田 2001: 61）状態だった。そもそも農業には適していない土壌で、実際に栽培できるのは、落花生と麦だけである。割り当てられた一町歩程度の土地では生活は成り立たない。そこで、開拓者が採った戦略は、貧困から離脱していく開拓民の土地を買収して、耕作面積を増やしていくことである。そこにあるのは、開拓民同士の一種の闘争である。

「古村」と呼ばれる戦前からの村落とは異なり、開拓地には共同体意識はほとんど皆無だった。このことは、開拓地出身でありながら古村の男性と結婚し、古村で生活するようになった女性の次のような証言に示されている。

東峰っていうのは、自分が一番って気で競い合っていたよね、競争意識があって。ある意味ではいいんだろうけど、人に合わせるとか、我慢するということはない。（……）人が沈みそうになると、なおさらそれを押しこんで、人をけとばしても自分がはいあがるという構図があったよね。（……）自分がのしあがるのに一生懸命で、相手を思いやるというのがなかったんじゃないかと思う、いま思えば（福田 2001: 63）。

ほかの開拓者の「オガミ」と呼ばれていた簡易住居を放火してまで、「人をけとばす」ことがあったようである。たとえば、おもに天浪地区に入植し、かつての御料牧場の馬小屋に寝泊まりしていた沖縄出身者は、土地を奪われるかもしれないという不安から、着物を脱がずに寝ていたという（福田 2001: 41）。この点に関しては、次のような証言がある。

小さいころ、土地の区画の境界線の争いでさ、お互いに放火しあったりよ、それからあのころ共産党の野郎日本刀もってたからさ、あれで夜中に殴り込みがあってさ、それをオラ見てるんだよ。キノコ取り（ママ）に行ってもどってくると、馬小屋のはじっこから火が出てるわけじゃんか。ケンカのわけだよ（のら社同人 2005: 15）。

これは、かつて一七世紀イギリスの政治哲学者トーマス・ホッブズが指摘した「自然状態」が、実際に現出していたに等しい（Hobbes, 1651 = 1982, 85, 92）。

自然状態では、統治者が存在しないため、平等な個人が限られた財を求めて、闘争状態に陥る。それは、ある土地をめぐる二者間の対立に典型的に表われる。自然状態では、ある特定の個人の土地所有を正当化する統治者は存在しない。言いかえれば、誰もが平等にある土地を所有する権利がある。ある土地をめぐって対立する二人のうち一人が所有を放棄し、もう一人の所有権を認めたとしても、これで問題が最終的に解決したわけではない。なぜなら、この二人のあいだの合意を第三者が認めているわけではなく、誰か別の人物がこの土地を所有したいと欲した場合、新たに闘争が勃発するからである。

三里塚の開拓地では、協定によって開拓者の土地は分割されていたが、開拓者のあいだでは、それは強い拘束力をもたなかった。開拓地は、古村のような共同体が形成されることはなく、長期にわたって自然状態のままで、生活を続けていたのである。それはホッブズの表現を借りれば「孤独で、貧しく、つらい」い、まさに、社会性が停止したなかでの生活だった。ほとんどの開拓地区では「神社も公民館もつくることができなかった」。これは、社会性を維持するための装置が、ほとんど何もなかったことを示している。

新東京国際空港開港

敗戦直後の日本は、軍隊の解体によって、使用されなくなった多くの土地が生まれ、その相当の部分が農地として開拓された。これに加えて、三里塚御料牧場のように利用可能な土地の多くが農地に転用された。これらの開拓地は、大日本帝国が崩壊し連合軍に占領されていた、いわば日本全土で社会性が停止した状態のなかで、職を求めて移動するひとびとの重要な受け皿になった。

多様な移動民を吸収する場所として、開拓地は機能した。ただしそこは、長い間社会性停止の状態が続いた。一九六四年に千葉県が「シルク・コンビナート」構想に基づき、養蚕を奨励し養蚕場を建設して、ようやく本格的に公的な機関が三里塚に支援＝介入するはずだった。しかし、この計画はまもなく中止になった。それは、一九六六年六月二二日、政府がこの後、長きにわたって闘争が繰り広げられることになる、新東京国際空港三里塚設置案を発表したからである。

そもそも、政府が新国際空港建設を決定したのは、一九六二年のことである。翌年には運輸省が、(1)千葉県浦安沖、(2)茨城県霞ヶ浦、(3)千葉県印旛郡富里村の三地域を新空港予定候補地に挙げる。このほか、自民党のなかには、千葉県木更津市を押す勢力もあった。こうした候補地のなかで、富里村（現富里市）が予定地に選定される。富里村は、北部が三里塚地区に隣接し、南部がかつて陸軍飛行場があった八街《やちまた》市と隣接する農村である。

富里村では、この政府決定直後から、空港建設反対闘争が起こる。事前に政府から何の連絡も受けていなかった千葉県知事の友納武人は、これに対して「静観」の姿勢をとり、事実上、運輸省への協力を拒否する。その結果、政府は三年後に、富里村における新空港建設を断念する。その代替案として出てきたのが、三里塚空港建設案である。

この建設案では、戦後の開拓地区である天浪、木の根、東峰、古込、桜台が、見事なまでに建設予定地と重なっていた。この代替案を提示したのは、運輸省ではなく、千葉県の方だったようである。一九九〇年、反対同盟による「事業認定取り消し訴訟」控訴審において、空港建設地の決定時に運輸省事務次官だった若狭得治（のち全日空社長、会長）は、次のように証言している。

ここは非常に千葉県でも地味のやせたところでございまして、水のないところでございます。成田というところは。で、そういうことで、地質が非常に悪くて、水田にはまったく適さないと。したがって、南京豆と西瓜しかできないところで、しかも満州からお帰りになった方々が非常に多いというう状態から、この買い上げ価格を相当思い切ってやっていただきさえすれば、その空港建設は可能であろうということを、友納さんのご意見として私は聞いたことを記憶いたしております（福田 2001: 70）。

三里塚地区への空港設置決定に至るまでに、若狭と友納のあいだで、こうした会話があったことは間違いないであろう。

この政府の突然の決定に対して、地元民が憤りを感じないはずはない。政府の三里塚空港設置案発表から一週間も経たない一九六六年六月二八日に、空港建設予定地となった三里塚地区の住民は、遠山中学校に集まり、三里塚新国際空港反対総決起大会が開かれた。これが、現在に至るまで続く、空港建設反対運動の始まりだった。

当初の計画では、新空港の完成は、一九七三年末となっていた。しかし、空港建設に反対する農民の運動によって、開港は大幅に遅れることになった。土地所有者である開拓民は、空港建設に全面的に反対する「反対派」と、政府との補償交渉によって有利な条件を引き出すことを目的とする「条件派」に分かれた。新東京国際空港公団は条件派に対して、土地買い上げ価格の引き上げを提示し、一九六八年四月、両者は調印式を行った。公団はこの時点で、空港予定地にある私有地の88％を取得した。

しかし、残りの土地所有者は、あくまで土地売却を拒否していた。そこで、友納知事は一九七一年、土地収用の強制代執行を行うことに決めた。この結果、第一期工事は進んだものの、その後反対同盟は二つの鉄塔を立てて、抵抗した。また、航空燃料輸送の問題なども生じ、開港は予定より大幅に遅れた。当時の首相福田赳夫が、鉄塔撤去を決定したのは、強制代執行から六年も過ぎた一九七七年のことである。反対同盟はその後も、要塞や鉄塔を築き抵抗を続けたが、一九七八年五月、新東京国際空港（成田空港）は開港した。

6　三里塚の風景

開拓民と土地

空港建設の反対運動は、左翼系学生の支援があったとはいえ、農民たちが左翼思想に強く影響されていたとはいえない。農民の抵抗は、ある特定のイデオロギーに左右されたものではない。空港建設地の相当部分を占める三里塚御料牧場の利用が、天皇の財産の侵害に当たるとして、一九六八年に反対運動の一翼を担っていた老人行動隊が、宮内庁に請願書を提出しているほどで、これは左翼思想とは相容れないような行動である。それでは、なぜ開拓民は、頑強に土地を手放すことを拒んだのだろうか。

福田克彦はこの問いに関して、空港建設予定地がほぼ開拓地と一致していたことから、開拓民は蔑視されているという意識をもち、空港建設に強い反感を抱いた点を指摘している。また福田は、反対運動を起こした開拓民にとっては、三里塚に住み続けること自体が開拓の継続であり、かつ成功をも意味していたという。事実、すでに見たように戦後の開拓地では、土地をめぐって激しい生存競争が繰り広げられていた。離農していく農民の土地を兼併していくことで生き延びてきた開拓民にとって、空港公団に土地を売却する者は、脱落者にほかならない。反対運動に参加し、活動することが、運動の成功だけではなく、開拓者としての「勝利」にもつながると認識されていたのである。

こうした開拓民の意地は、土地が農民の生存根拠の源泉だったことに起因している。

一九七八年開港直前のとき、開拓民の染谷かつ（当時七八歳）は、次のように語っている。

この腕一本で、木の根っこだの石ころだの掘って、立派な畑つくったたよ。えらく苦労したんだ。だれが、空港なんかのために土地売るもんか、そう思うの当たり前でしょ。（……）オレの畑、オレが身ひとつで耕しただよ。（……）自分としちゃ、畑やってのんきに暮らすべ、そんな腹づもりだったのよ。空港が、みんなこわしちゃった。家の中、めちゃめちゃにしただよ。一軒の家、複雑にしただよ（宇沢 1992: 273-276）。

「オレの畑、オレが身ひとつで耕した」ということばのなかに、染谷かつだけではなく、空港建設反対運動を展開した開拓民の意志が端的に表われている。それは、他者に依存することなく、耕作を続けてきた生存のありかたを肯定し、続けていこうとする意志である。

これは、ほかの地域に移ること自体への不安と表裏一体の関係にある。そもそも反対運動を続けた農民たちは、かつが「畑やってのんきに暮らすべ」と言うように、開拓地を終の住処と考えている。そこから、事実上の立ち退きを強いられることは、再びゼロからの出発を迫られることを意味する。

空港建設反対運動に参加していた青年たちが、一九六九年秋から七ヵ月にわたって行った座談会の記録『壊死する風景』では、三里塚を出て、団地住まいをしながら工場で働くことへの強い嫌悪感が語られている(のら社同人 2005: 225-226)。

開拓の精神があるとすれば、それは、独特の身体と場所との共生感覚のなかにある。すでに見たように、村落共同体に見られる固有の共同土地管理制度は、開拓地には存在しないに等しい。しかしこれは、自己が耕作した土地とのあいだに、伝統的な村落共同体に帰属している場合より、はるかに強い身体的一体感を可能にする。そこには、自己が投下した労働が価値を生むという労働価値説の源泉となる、個人主義的所有観にも通じるような土地所有観念が存在する。それは、風景そのものを開拓の生産物、あるいは作品としてとらえる意識を生む。

『壊死する風景』のために行われた座談会のあと、まもなくして自殺することになる三ノ宮文男は、「人間が変えた風景というのはよ、やっぱり魂がこもんじゃねえのか。空港とかなんとかよ、全然人間じゃあんめえよ」（のら社同人 2005: 118）と指摘している。開拓民にとって、開墾は土地に「魂」を込める営みであった。これに対して、空港は得体の知れない「怪物」であり、それは、魂が抜かれてしまった、まさに「壊死する風景」を現出させたのである。

身体と場所との共生感覚は、労働と結びついているだけではない。場所の風景は、そこに住むひとびとに安らぎを与えていた。たとえば、天浪地区に住んでいた島初子は、御料牧場について次のように語っている。

どこへ行っても景色がよくて、ほんとに立派な牧場でしたよ。桜の木が沢山あって、それに松があったでしょ、息を呑むくらいいい景色でしたよ。これだけはほんとに惜しかったですね。私たちからみれば空港なんて殺伐としているだけですよ。ほんとに牧場はいいとこでしたよ。それから三里塚の街もすごく生きていたんです。牧場で栄えて、全部牧場からの注文だったですから（福田 2001: 46）。

初子の息子で、座談会にも参加している島寛征は、御料牧場の消滅が三里塚住民にもたらした、落胆と失望の感情は大きいと言う。過酷な生活を強いられていた開拓民にとって、御料牧場の景観は、観光客のようにただ鑑賞するための風景ではない。開拓の成果であり、作品でもある農地と調和することで、開拓民にとって意味をなすような風景なのである。

開拓民にとって場所との身体的結合は、労働という緊張した時間の蓄積と、労働の合間に立ち現われる一瞬の弛緩した時間のなかで構築されていく。開墾されていく土地と、農作業の合間に見る御料牧場の風景は、渾然一体となって、開拓民の三里塚という場所感覚をつくり上げている。
また、開拓民と三里塚という場所との関係は、死後の時間とも関わっている。染谷かつは、自分の墓について次のように語っている。

よねばあさんと約束したのよ。死んだら同じ墓にはいろうなって。よねばあさんは東峰の墓地にはいっただよ。自分としちゃ、そこへはいる腹づもりだったのに、せがれが勝手に土地売っちまっただよ（宇沢 1992: 273-276）。

事実、開拓地の村では、空港公団に土地を売却すると、葬式を出すことさえできないという情報が流れる。それは、木の根地区からほかの村落に移転した者が村八分に遭い、葬式を出すことができなかったので、元々住んでいた木の根で葬式を出したという情報である。その際に、移転した者に対して、「一度農民を裏切った奴は、二度裏切るかもしれないから、部落入りさせることはできねえ」と言われたという。
開拓民にとっては、三里塚の風景のなかで、死後の安寧を得られるかどうかは、最も重要な点である。都会のように、住まいから離れた墓地に埋葬されることは、実存的な不安をもたらす事態である。『壊死する風景』座談会では、都市では「お墓も団地だっぺよ」という発言があり、団地も墓地も同様に人工的で、「合理的」で「規格」化されたイメージが付与されている。これに対して、三里塚の風景は、死後の安寧まで保証するのである。

成田市のいじめ自殺事件

成田空港の開港によって、かつての三里塚の風景は完全に崩壊した。空港敷地の周囲には、高い塀が張り巡らされており、監視塔まで建っている。空港の外側から見れば、それは空港というよりは、まるで刑務所か収容所の塀の外にいるようである。かつて空港反対総決起大会が開かれた遠山中学校の前は、国道が通っているが、その周辺には、住宅、小規模な農地、町工場などがあり、少し空港から離れると、新興住宅地になる。これが「壊死する風景」であるかどうかは、主観的な判断に委ねられることであるが、少なくとも本書でいう脱中心化する風景であることはたしかである（地図②）。

ところで、空港開港からちょうど二十年経った一九九八年三月、かつて空港反対総決起大会が開かれた遠山中学校に大きく関わる事件が起こる。それは、遠山中学校二年生の鈴木善幸君が、自殺するという事件である。遺書には、「せんぱい（実名）におどされて八万円はらった。そして、あと四万円がはらえない。ぼこぼこにされるなら死んだほうがました。ぼくはもう死ぬ」と書かれていたという（日本経済新聞一九九八年三月二一日付）。

ここでいう先輩とは、善幸君の二年上の学年で、当時は高校を中退していた。「先輩」を中心に構成されたいじめグループのなかで、男子生徒は「使い走り」をしていたという。事件直後に、「先輩」は恐喝未遂および傷害罪で逮捕されている（Verb 2004: 171）。

この事件が報道され、またルポルタージュの題材とされるとき、三里塚にはかつて御料牧場があり、その後空港建設反対運動が巻き起こったことなどが語られることは、ほとんどない。しかし、この地域ほど大きな変貌を遂げたところはない。かつての御料牧場は移転し、いま残るのは三里塚御料牧場記念館とその周囲の公園だけである。

三里塚は、空港とは高い壁で隔てられている。成田空港に隣接しながら、かつてのようなにぎわいはなくなってしまっている。国際空港という日本国内だけではなく、世界を結ぶターミナルがそばにあるにもかかわらず、三里塚はそこから疎外されている。空港という新たな中心点、そして、空港に関連するさまざまな施設（たとえばホテル）とは、さほど関係をもたず、相対的に孤立している。

戦後開拓された地域は、ほとんど空港用地となり、残っているのは、戦前からの「古村」の方である。しかし、空港建設の対象から外れた地域も、その後、開発の波を逃れることはできなかった。三里塚にも、新興住宅地が生まれている。工場と農地が混在し、古くからの商店街も残ってはいる。ただ、商店街にはかつてのにぎわいはない。

三里塚は、空港公団から一千戸の空港職員住宅の建設を約束されていた。しかし、空港開港が当初の予定から大幅に遅れたことによって、一九七二年の時点で、独身寮百戸が建てられたにすぎなかった。しかも、「独身寮の職員たちは、寮や公団内の食堂を利用するなど、地元とはほとんど無縁の生活」だったという（成田市史編さん委員会 1986: 811）。一九七八年の空港開港は、地域の脱中心化に拍車をかけることになった。開発の中心は、国鉄成田駅周辺と新たに造成した成田ニュータウンに移り、三里塚は、そこから疎外された空間となる。観光客が訪れていた三里塚御料牧場は消滅し、空港と三里塚は空間的には接していながら、高い塀によって仕切られ、空港とは断絶した状態にあるようにみえる。三里塚に残っているのは、脱中心化する風景だけなのである。

7　三里塚とゆりのき台

三里塚とゆりのき台は、ともに千葉県の北総地帯（房総半島北部）に位置する。すでに見たように、この二つの地域の土壌は、けっして農業には適しているとはいえず、おもに演習場や牛馬の放牧地として利用されていた。本来、農業には不向きな土地が、戦後、緊急開拓事業という政策によって、開拓されたのである。それは、敗戦によって生まれた膨大な数の漂泊民を定着させる水路づけの機能を果たした。しかし、国家によるそれ以上の援助はなく、開拓民は、まさに生き延びるためだけの生活を強いられた。誰にも依存できない状況で、開拓民は個人主義的な土地所有観念を抱き始めるのである。

地域に転機が訪れるのは、一九六〇年代に入ってからである。住宅団地が習志野原に建設され、工業団地の造成や都心からの工場移転が進む。八千代工業団地が造成される一九六二年に、新空港建設が決定され、一九六六年に三里塚が空港建設予定地となる。この時期に、北総地帯全体が大きく変容していくのである。空港が開港すれば、成田と東京が結ばれる。その中間点に位置する八千代町は、一九六七年に市制を施行し、地下鉄で東京都心と直結する計画を立てる。

こうした動きは、一九六〇年代に土地が本格的に商品化され始めたことを示している。本格的とは、工業団地の建設のように、企業が土地を購入する開発計画だけではなく、個人向け住宅の分譲が始まり、個人が容易に住宅を取得できるようになったことを意味する。千葉県住宅協会による一戸建て住宅の分譲は、その先駆けであった。集合住宅を含む土地付き住宅が商品形態としてしだいに一般化し、不動産所有への欲望が喚起されていく。そして土地と住宅取得が、一個人と一家族の人生のなかで大きな意味をもち始めたのである。

敗戦直後の旧軍用地をはじめとする国有地の開拓民などへの払い下げと、一九六〇年代に本格化する分譲住宅の販売は、一見関わりがないようにみえる。しかし、これはともに、戦後に国有地が払い下げになり、私有地が増大していく過程と関わっている。私有地の増大につれて、国家による公的空間と私的空間のあいだに厳密な境界が引かれていく。ひとたび境界が引かれると、国家が容易に私的空間に介入できなくなる。また、土地と住宅の私的所有を通じて、独特の私有観念が醸成されていく。この私有観念は、国家が「公共性」を盾にとり土地を買収する政策に対して、抵抗を可能にする。しかし同時に、土地が商品価値をもつと認識されている以上、価格が適正に設定されていると判断されれば、土地を売却する選択もありうる。

三里塚における空港建設に関して、当初から全面的に反対する勢力と、売却の条件を交渉しようとする勢力に分かれたのは、そもそも戦後に形成された私有観念が孕む両義的な性格に起因する(18)。空港建設は大幅に遅れたが、それにもかかわらず、開港が可能になったのは、農民といえども戦前のように共同体の慣習に従うのではなく、個人主義的選択を行う者が数多く存在したからである。

いずれにせよ、土地の商品化が進む一方で、開発計画の名の下に、土地の買収が行われる。巨額の投資が、空港のような公共施設や住宅建設に対して行われ、その結果、風景が大きく変容する。しかし、計画が完全に実現されるとは限らない。その結果、計画が実現した空間と、実現できなかったか、そもそも計画から外れた空間が、一つの中学校区のなかに存在する地域が生まれる。それが、投資によって作られた化学化された風景と、それ以前の風景が調和することなく混じる、脱中心化する風景である。

一九九八、九九年と相次いで起こった三里塚とゆりのき台のいじめ自殺事件の共通する特徴は、戦後の一連の開発で、最後に開発された地域だという点である。開発は旧軍用地を中心に進められ、戦前からの農村部は、開発の対象からは外れていた。ゆりのき台は、そもそも旧習志野原演習場の周辺部に位置する萱田地区で、そこでは戦前から戦後にかけて、農業が営まれていた地域である。三里塚の場合も、戦後の開拓地は空港用地となり、戦前からの農村部は、空港建設計画からは外れていた。しかし、戦前からの農村部も結果的に、農業を営むだけでは生活が成り立たなくなり、ゆりのき台のように、積極的に住宅開発の対象となるか、三里塚のようにいわばなし崩し的に、民間による小規模な開発の対象となることを余儀なくされたのである。

以上の点から、いじめ自殺が起こる地域は、戦後の開発の周辺部に位置し、一連の開発において順番としては最後に回され、開発の中心部とのあいだに落差がある地域ではないかという仮説を立てることができる。次章からこの点について、詳細に検証していきたい。

注

（1）厳密にいえば、農地開発に関する法令は、戦前の一九四一（昭和一六）年三月に生まれている。一九四〇年一二月策定の主要食糧自給強化十年計画に基づき公布された「農地開発法」がそれである。その結果、政府の代行機関として「農地開発営団」が設立された。こうした一連の政策は、軍隊が土地を買収し、軍用地や軍需工場を増やしていったため、農地が不足したからであるが、戦後、政府が大規模土地改良事業に乗り出す出発点にもなった。

(2) 若槻泰雄によれば、外務省の統計自体が文書によって異なるという。終戦時の在留日本人は、六六〇万人から七一三万人まで、いくつかの異なる統計が存在する(若槻 1991: 46)。

(3) 日本の敗戦後、旧植民地や旧帝国領土がどのような道をたどったのかについて、あまり考慮されたことがない。朝鮮半島でその後、中国やアメリカが介入する戦争が起こったことや、台湾に蒋介石の国民軍が流れ着いた直後に、二・二八事件が生じたことは、朝鮮特需のように、日本と直接関係がある場合を除いて、長い間ほとんど歴史認識の埒外におかれていた。これは、現在の北マリアナ連邦に対する認識にも表われている。これらの地域は、観光や遺骨収集の対象にはなるが、ほとんど歴史研究の対象にはならない。

(4) いわゆる第一次農地改革である。ただし、都道府県が土地を取得する際、その所有者との協議を前提としていたため、土地取得は進展を見なかった。

(5) 財務省のホームページ(http://www.mof.go.jp/zaimu/30nenn/main/030303.htm)による。なお、旧軍用地の空間的把握を難しくしている理由の一つとして、軍隊の組織が明治以来変容しており、その敷地面積もしだいに増加した点も挙げられる。阿見町の例に示されるように、日中戦争突入以前から軍用地は拡大しており、軍用地を固定したものと見なすことはできないのである。

(6) 農林省開拓局管理課「昭和二〇年一〇月末現在　旧軍用地に関する調査報告原義」は、防衛省防衛研究所で閲覧、複写できる。農地開拓の目的から、各都道府県が実地に調べた結果なので、他の史料に比べて信頼性は高い。しかし、旧軍用地に関する研究の蓄積がある地理学などの分野においても、この史料を活かした研究はない。今後、積極的に参照されるべき史料のひとつであろう。なおこの史料には、個々の軍用地の面積を調べた結果が載っているが、この面積を集計すると、統計の最後に掲載されている各都道府県別総面積と数値が異なることがある。各都道府県による集計ミスの可能性もあるが、ちがいがある場合、本書では各都道府県が算出した数値を用いて、旧軍用地の総面積を算出した。

（7）陸軍の部隊編成は、近衛師団と二十の師団の下に旅団、そして連隊がある（一九三二年時点）。ここでいう旅団は師団に次ぐ単位である（櫻井 1932: 45）。

（8）第1章一七頁参照。

（9）「元富士開拓地概要」からの引用である。

（10）戦時中の土地提供者は、敗戦直後、第一航空司令部が復員者の帰農を企み、すぐに土地の返還が行われなかった。そこで九月には、土地提供者が県に陳情に行っている（富士市史編纂委員会 1966: 870）。

（11）二〇〇七年二月の調査による。調査者は、筆者のほかに四名。インタビューの話しことばは、わかりやすいように筆者が一部ことばを補っている。

（12）同上。

（13）試験家屋は、一〇坪モデルと七坪モデルがあった。ここでいうトントン葺きは、七坪モデルの家屋で、六帖と四帖半の二間しかなかった。一〇坪モデルは、八帖と四帖の二間で屋根はルーフティング（厚手の油紙が敷いてあるもの）だった。

（14）一九四五年、東京の豊多摩刑務所から受刑囚が習志野原に移ってきていた。受刑囚は井戸掘りだけではなく、入植者の開墾を手伝っていた。

（15）ただこの期日は、この男性の記憶違いかもしれない。男性はその後、米軍演習場の拡張によってほかの農地を譲り受けたとしているが、それは一九五〇年三月までに行われているからである。男性が迫撃砲弾を受けたのは一九五二年ではなく、一九四九年四月であったかもしれない。ただ、土井氏の死亡事故後も、相変わらず実弾を用いた演習が行われた事実に変わりはない。

(16) 住宅公団の住宅建設戸数は、一九七一年にピークを迎えている。
(17) 旧軍用地の利用と工業化との関連性については、第4章で詳細に分析する。
(18) 土地は単に商品となるだけではなく、信用創造の原基となる。銀行が企業への融資の際に、土地を担保として資金を貸し付け、企業も利益の一部で土地を購入する。いわゆる「土地神話」に基づく経済システムが生まれる。

第3章　いじめ自殺

〈脱中心化する風景〉は、暗に戦前から戦後復興期、高度成長期に至る空間編成の結果を示している。(1)戦前から戦中に至る軍用地の拡大、(2)敗戦後の大規模な農地開拓事業、(3)高度成長につながる工業化とそれに伴う都市部の拡大、(4)高度消費社会の出現という一連の社会変容が、限定された風景のなかに凝縮されて現われているのである。いじめ自殺が起こった地域と、これらの空間編成とのあいだにいかなる関係があるのか、本章では特に(1)の軍用地の拡大との関わりを中心に見ていきたい。

1　いじめと自殺

いじめ自殺とは、いじめがおもな原因と推測できる自殺事件をさす。その認識が深まるのは、一九八〇年前後のことである。これは、一九七九〜八〇年に相次いで起こった事件を契機にしている。特に埼玉県上福岡市と大阪府高石市で起こった事件に関しては、金賛汀によるルポルタージュが出版されており(1)、そのなかで「いじめる」という動詞を名詞化した「いじめ」が、頻繁に用いられている。ただ、自殺した高石中学校一年生の中尾隆彦君の両親が、高石市と同級生の両親に対して損害賠償を求めた訴訟へのコメントで、当時の文部省中学校教育課垂木課長は、「校内暴力」ということばを用いている(2)。校内暴力は、教師の生徒に対する暴力も含む、より包括的な概念である。この時点では、いじめではなく校内暴力が、一般的に用いられていたのである。

学校内の暴力を示す表現として、校内暴力よりもいじめが用いられるようになったのは、教師に対する暴力や学校の器物破損や授業妨害に比べ、生徒間の暴力がとりわけ注目されるようになったからである。校内暴力のなかでも、いじめが突出して頻繁に生じる現象として注目されたのは、一九八五年のことである。

文部省もこの年から校内暴力に関する調査とは別に、いじめに関する調査を開始している(3)。文部省はこの調査において、いじめを「①自分より弱い者に対して一方的に、②身体的・心理的な攻撃を継続的に加え、③相手が深刻な苦痛を感じているもの、であって、学校としてその事実（関係児童生徒、いじめの内容等）を確認しているもの。なお、起こった場所は学校の内外を問わないものとする。」と定義している。ただこの定義のうち、傍線部分は「個々の行為がいじめに当たるか否かの判断を表面的、形式的に行うことなく、いじめられている児童生徒の立場にたって行うことが重要であること、さらには学校が、自らの学校にもいじめがあるのではないかとの問題意識をもって積極的に実態把握を行う必要がある」という理由によって、一九九四年の調査から削除されている(4)。

文部省のいじめの定義は、教育政策の一環として作成されたもので、その本質を問うものではない。そこで社会学的観点から、いじめとはいかなる現象かを説明する必要がある。

いじめと暴力の三つの結末

いじめは、学校内で生徒が築く関係、もしくは集団のなかで起こる暴力である。そして、暴力の行使を継続的に行うことを前提にして、関係や集団の存続がめざされている。暴力の様態は、集団内部で特に暴力の被害を受ける者が、集団に対してどのような距離をおくかどうかで変わる。集団から離脱する可能性がほとんどない場合には、集団の成員の一人を無視すること自体がいじめとなる。学級全体でいじめが行われる場合は、無視は有効ないじめ戦略である。しかし多くの場合、いじめは、生徒が築くインフォーマルな集団や運動部のように、学級とは異なる集団のなかで生じる。このような場合、集団の成員の一部が離脱することを防ぐため、適宜物理的な暴力を行使しながら、集団の維持が図られることがある。そして、しだいに暴力の行使自体が目的化していく。暴力には、冷やかし、からかいなどの言語による暴力のほかに、殴る、蹴るなど直接に身体を傷つける暴力と、対象者の所有物を侵害する行為がある。所有物の侵害は、持ち物隠しのような嫌がらせから、たかり、脅し、強要のように、実際に特定の生徒から金銭を奪う行為まで、さまざまである。

いじめによる継続的な暴力の行使がどのように収束するかは、閉鎖的な生徒集団の内部に、教師や生徒の親が介入するかどうかによって大きく異なる。教師や家族がいじめを「発見」し、いじめを生み出す集団に介入することができれば、いじめを収束に向かわせ、問題を解決することが可能になる。しかし、後に詳しく見るように、いじめを生む関係もしくは集団を、外部から観察することは容易ではない。第三者がなかなか介入できない状況が生じるのである。このような場合、集団内で暴力を行使している者は、それを続けることが可能になる。

暴力が激化していくと、最終的に悲劇的な結末を迎える。それは、大別すれば三つのパターンがある。一つは、暴力の激化が殺害に至る事例である。いじめの行き過ぎで、実際に殺害にまで至ってしまった事件として、山形県新庄市マット圧死事件（一九九三年）などがある。これは、中学二年生の少年が体育館の体操用マットのなかで圧死させられた事件である。ただし、これは事例としては、少数である。いじめが殺害という結末に至る事例で多いのは、二つめのパターンの方である。いじめの被害者が暴力に耐えられなくなったとき、報復に出て、それまで自分をいじめていた相手を殺してしまう事例である。たとえば、一九七八年に福岡県福岡市で、次のような事件が起こっている。

約一ヶ月前に中学時代の同級生をナイフで刺して大けがをさせた一五歳の中学生Aが、今度はそのけがで入院していた被害者のF農業高校一年Fを病院から呼び出し、ナイフで刺し殺すという事件が起きた。犯人の中学生Aは小学校時代からこの友だちにいじめられていたことで自閉症気味となり、今春卒業予定だったが留年していた（朝日新聞一九七八年四月二八日付）。

一九七八年には、ほかにも同様の報復事件が起こっている。いじめ／いじめられる関係が一対一の関係で、暴力を行使する者と行使される者とのあいだに決定的な力の差がない時は、報復が可能になる。

しかし、集団のなかで特定の一人だけが暴力を行使される場合には、報復しようとしても多数派に抗することは難しいので、暴力に耐えるしかない。被害を誰にも相談できず、度重なる暴力の行使に耐えることができなくなった時に、そこから脱出する方法として、自殺以外の道を見出せなくなってしまう。自殺が、いじめの悲劇的結末の三つめのパターンである。

　一九八〇年前後までは、暴力を行使した相手に対して報復しようとした行為が目立つが、しだいに報復はせずに、みずから命を絶つ事例が増加していく。特に、高石中学の事件から五年経った一九八五年は、いじめ自殺が急速に増加した年である。そして、「いじめ」と「自殺」という二つの単語から成る「いじめ自殺」という用語が使われ始める。朝日新聞で、いじめ自殺ということばが初めて現われるのは、一九八五年一一月のことである（「聞蔵Ⅱ」による）。それは、東京都大田区の羽田中学校二年生の女子生徒が自殺した事件に関する記事で、その見出しには、「『悩み相談してほしい』　いじめ自殺の羽田中校長、生徒に報告」（朝日新聞一九八五年一一月二一日付）と記されている(5)。それまでにも、いじめによる自殺に関する報道は存在するが、「いじめ自殺」という、いじめと自殺を複合した用語は用いられていない。

　同時に、いじめ自殺に特化した研究が出てくる。第1章に引用した村山・久富・佐貫が一九八六年に刊行した『中学生いじめ自殺事件』がそれである。一九八五年に起こった青森県野辺地町の事件(6)を丹念に調査した成果は、すでに少年の自殺がいじめによることを自明の前提として、いじめ自殺という用語を題名に用いている。

　以上の点からわかるのは、いじめが社会問題化するのは、いじめを契機とした自殺が増加したことがきっかけとなっていることである。暴力に抵抗できずに、みずから命を絶つ中学生が増加していることへの危機意識が、いじめに対する関心を高めたのである。これは、暴力を行使する主体ではなく、暴力を被り、最後には自殺してしまう被害者に焦点が当てられることを意味する。校内暴力では、暴力を行使する生徒を問題のある生徒としてとらえ、「加害者」に焦点が当たっていたのに対して、いじめ自殺が問題視されるにつれ、加害者から被害者の方に焦点が移動していくのである。一九九四年の文部省によるいじめの定義変更で「いじめられている児童生徒の立場に立つ」という点が強調されているのは、すでに一九八〇年代に、暴力の被害者をいかに救済するかという問題に関心が移っていた事実を追認しているにすぎない。

いじめ自殺では加害者—被害者の関係が浮き立ってくることが、中高生のほかの自殺と比較してみるとよくわかる。たとえば、かつて見られたような「高校受験に失敗したから」自殺した場合、不合格にした高校を加害者とはいえない。また、「失恋したから」という理由においても、かつての恋人に責任を求めることはできない。しかし、いじめ自殺の場合は、実際に暴力を振るわれ、金銭を奪われるなどの被害に遭った結果自殺しており、少なくとも自殺者にとって、加害者の存在は厳然としている。いじめに起因する自殺は、被害者と加害者が明らかに存在し、そこに事件性があることから、いじめが社会問題として認識されたのである。

いじめ自殺データベース

本書では、われわれが作成したいじめ自殺データベースを用いる(7)。いじめ自殺に関するデータは、以下のように収集した。

(1) 朝日新聞「聞蔵Ⅱ」、読売新聞「ヨミダス歴史館」、毎日新聞「毎索」、産經新聞(The Sankei Archives)の各WEBデータベース(8)で、「いじめ」「自殺」「中学」のキーワード検索を行い、関連する記事を収集した。また、実際に現地で調査を行った29の事例に関しては、地元紙も合わせて閲覧した。

(2) 高徳忍(1999)が作成した『いじめ問題ハンドブック』のいじめ事件年表、山崎鎮親(1999)、武田さち子がホームページ「日本の子どもたち」(9)に挙げたいじめ自殺事件のうち、(1)以外の新聞に掲載されたものは、それぞれの新聞の縮刷版に当たった(西日本新聞、東京新聞)。また、本書で取り上げた29の事例に関しては、地元紙も参照した。

(3) 具体的な事件の内容および自殺者が残した遺書は、鎌田慧(1996)、子どものしあわせ編集部(1995)、Verb(2004)、武田(2004)を参考にした。

(4) 収集対象は中学生に限定し、中学在学時に学校内で行使された継続的な暴力が少なくとも一要因となって自殺した事例である。したがって、小学生や高校生、中学校外の塾、スポーツクラブ、学校外で形成された非行集団などで起こったいじめ自殺は含まれない。また、中学在学時のいじめに起因した自殺であっても、卒業後に自殺した事例は除外した。

以上の結果、一九七九〜二〇〇九年のいじめ自殺事件137件を収集した。なお、事件はすべて公立中学校の生徒において起こっている。

以上のような手続きで、おもに新聞記事に基づいてデータを収集した。実際には、いじめ自殺であるかどうかが、新聞記事だけでは判断できない場合がある。記事自体が、記者の判断によって書かれており、恣意性がまったくないとはいえないからである。また、記者が関係者を取材することによって記事が書かれているので、取材を承諾した関係者が誰であるか、またその証言がどれだけ正確であるかによって、事件の内実をどこまで再現しているか、ちがいが出てくるのは否めない。学校側と自殺者の両親のあいだで見解の相違がある場合、いじめ自殺であったかどうかが記者の判断に委ねられ、あいまいになることもありうる。また、後述するように、そもそもいじめ自体、当事者以外からは実態が把握しにくいので、当事者の一方が死んでしまった場合、実際にいじめがあったかどうかの確定が困難である点も、記事のあいまいさを生む一因である。

最終的には、記事内容を読んだうえで、筆者がいじめ自殺であるかどうかを判断した。特に問題となったのは、自殺以前に友人関係でもめ事があったのは事実であるにせよ、それが継続的に行われていたかどうかが判然としない事例である。こうした事例は、いじめ自殺とは扱わなかった。

対象を中学生にしぼったのは、いじめ自殺事件数が中学生に圧倒的に多く、いじめ自殺が公立中学校の生徒に限られていることから、地域の特徴との関連性が推測できること、また地域といじめ自殺との関連について操作的にとらえることが可能だからである。中学生の時期に、学校の監視から逃れて、固有の世界をつくり始めることも、中学生にいじめ自殺事件が多い理由のひとつと考えられる。

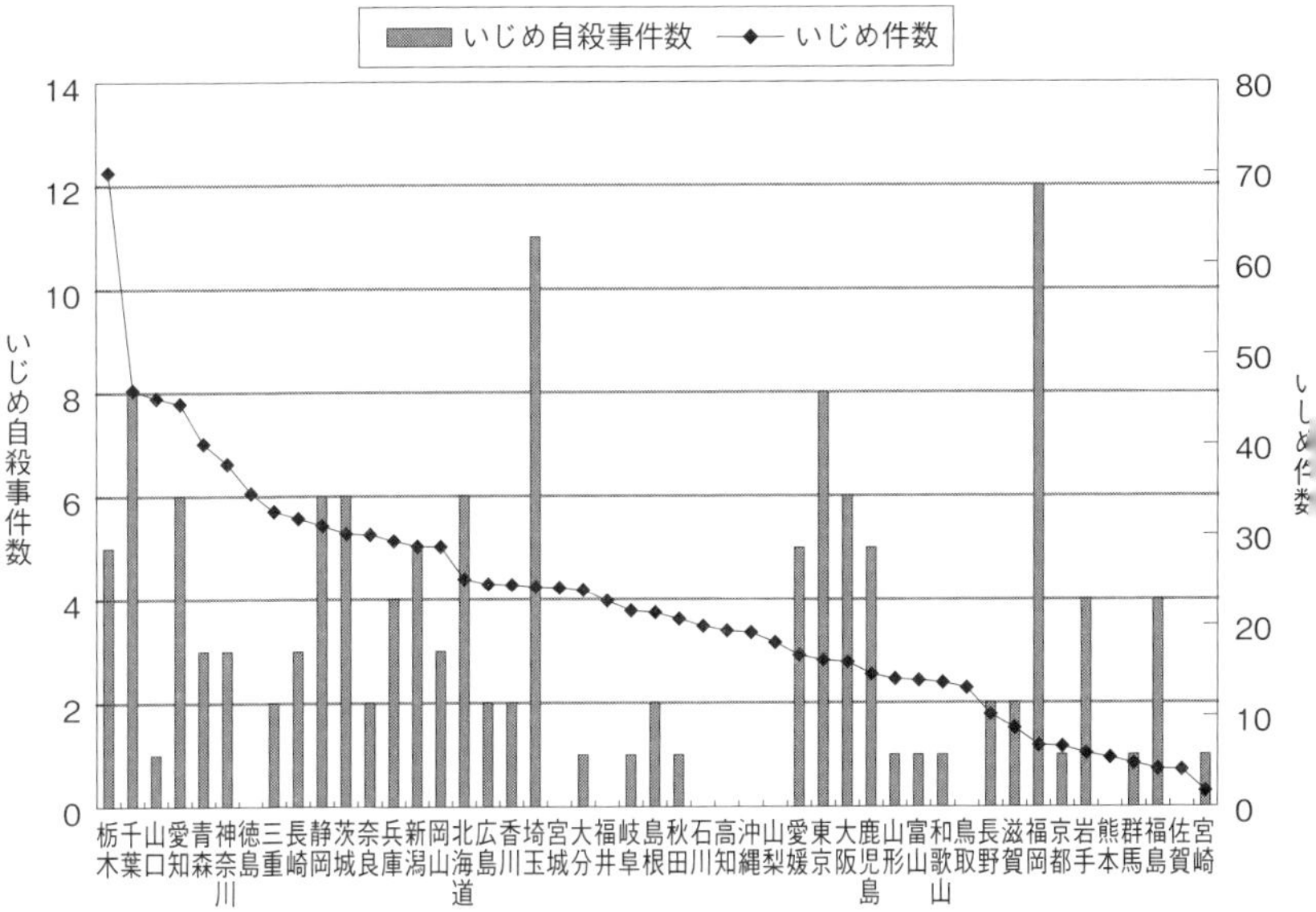

図1　都道府県別いじめ件数といじめ自殺事件数

いじめといじめ自殺　都道府県別データ

いじめといじめ自殺は、必ずしも同じ問題とはいえない。それは、都道府県別のいじめ件数といじめ自殺事件数を比較してみるとわかる。

いじめ件数は、文部科学省の「児童生徒の問題行動等生徒指導上の諸問題に関する調査」のいじめ件数データ（一九九九〜二〇〇四年度）から、都道府県別の生徒千人当たり五年間の平均値を求め、度数分布を作成した(10)。これをわれわれのいじめ自殺データベースの都道府県別いじめ自殺事件数と比較した結果を図1に示した。

図を見れば明らかなように、いじめが多発している地域と、いじめ自殺が起こった地域のあいだに相関関係はない。千葉県、愛知県は、いじめ件数およびいじめ自殺事件数ともに高い値を示している。しかし、山口県ではいじめ件数は多いが、いじめ自殺は一九八五年以来一度あったにすぎない。また、福岡県はいじめ件数は下位であるが、いじめ自殺事件数は一二件を数える。つまり、いじめ自殺事件は、いじめが多くなれば発生する確率が高くなるわけではない。

ただ、こうした議論は実際にいじめ自殺事件が起きると、いじめが自殺の直接の原因である点を否定する傾向にある、市町村の教育委員会の主張を正当化しかねない。実際、高石中学校のいじめ自殺事件のように、自殺したこどもの両親が訴訟を起こすことがあり、教育委員会は法的責任を回避する目的もあって、いじめの事実は認めても、いじめと自殺のあいだの因果関係は認めないことが多い。しかし、ここで言いたいのは、いじめ自殺は単にいじめの問題としてとらえるだけでは不十分であり、一つの独立した問題として扱わなければならないという点である。

2　贈与／詐欺

消費と暴力

前節で見たように、一九九四年の文部省調査で、いじめの定義は修正されている。「（いじめは）学校としてその事実を確認しているもの」という部分が削除され、その理由として、学校が「積極的に実態把握を行う」必要性が挙げられている。つまり、学校はより注意深く、なかなか目にとまらないいじめの存在を発見し、対処しなければならないと説かれているのである。

この修正は、いじめという暴力行為の特徴と深く関わっている。それは、ほかの校内暴力が客観的に観察可能で、観察結果に基づいた対応が可能であるのに対して、いじめは生徒間の暴力であり、いじめ

／いじめられる関係の内部において進行するため、実態を把握することが難しいという点である。外部から見れば、同質な生徒集団にすぎず、集団内部の動きはいじめではなく、単なる悪ふざけ、遊びのようにしか見えないことがある(11)。

これは、学校のなかに社会性が停止された状態が現出することを意味する。社会性が停止した状態とは、社会に通用しているはずの法や規則が無効になり、暴力が噴出する危険性が高い状態を意味する。第1章、第2章で紹介したように、戦後軍隊が解体した直後に、旧軍用地を中心に社会性が停止した状況が生まれていた。それに類似した状態が学校内で生じていることを示すのが、いじめの事実である。つまり、学校の内部に学校が決める規則が通用しない場所が、なかば恒常的に生じているのである。

また、学校のなかで形成される生徒同士の集団は、友情を基盤にすることが期待されている。友人関係は生徒間の信頼のうえに築かれるはずであるという期待は、当然のことながら、生徒だけではなく、教師や親のなかにも自明の前提として存在する。友人関係は対等な関係であり、一方が恒常的に優位に立つことはありえない。そこに支配関係があるとは、なかなか推測しにくいのである。

友人関係は本来対等な関係であると期待されているので、暴力の被害者がその事実を親や教師にはなかなか告白できない点も、暴力が継続的に行使される理由の一つである。いじめに関する国際比較調査によれば、日本では、こどものなかで「いじめを知られたくない人」として保護者を上げている者が48%に上っている（松浦 2001: 118）。また、実際にいじめの事実を知らない保護者が、日本では53%もいる（秦 2001: 125）。いじめ自殺をしたこどもの親が、まさかわが子に限って自殺するはずはないと思っていたと語るのは、この点を如実に示している（Verb 2004: 137）。外部からはなかなかいじめが観察できないため、いじめられた結果自殺してしまう事件が起こると、周囲の者にとってそれはまったく予想外のできごとであり、強い驚きと悲しみを引き起こすのである。

ただ一般論として、中学生の人間関係がつねに純粋な友情に貫かれているわけではないことは明らかである。特に公立中学校の場合、小学校に比べて校区が広くなり、多様な生徒が通学している可能性が高い。対等ではない人間関係が築かれる潜在的な条件が、客観的に整っている。これは、生徒間で暴力が行使されるような可能性が、つねに存在することを意味する。

一方で、中学校に限らず、平等は戦後教育において最も尊重されるべき価値であり、中学生の人間関係においても、同級生同士で平等であるかどうかが、行動するうえでも重要な判断基準となっている。ただし、中学生が考える平等と、民主主義的理念としての平等とのあいだには開きがある。中学生が平等をいかに認識するかによって、生徒間の関係のありようも変わる。

こどもの平等観は、こどもがどのような生活をするかによって左右される。この点でこども、特に中学生の生活は、一九八〇年前後から大きな変化を遂げていく。それは、中学生の生活がしだいに、直接資本主義的消費と結びつくようになるからである。ファッションの領域に典型的に現われるように、おとなの流行をこどもが模倣するようになり、しだいにこどもとおとなの距離が縮小する。遊びは資本主義的消費と結びつき、小中学生の段階で金銭を必要とする「ゲーム」のような遊びが流通していく。

消費の平等

本章の冒頭で触れたように、高石市で一九八〇年に起こったいじめ自殺事件は、まさにこうした変化と呼応している。それは、中学校一年生が同級生の四人から、ときには暴力で威嚇されながら、金銭をとられていたという事件である。その後に頻発するいじめ事件のひな型のような事件で、当初はそれ以前にはなかったような新たなタイプの暴力事件として注目された。なぜならそれは、暴力と貨幣が結びついているからである。

スペースインベーダーが世に出たのは一九七八年で、それは、ゲーム機を用いた「ゲーム」という遊びのジャンルが広がる契機となった。当時は、家庭用ゲーム機が存在しなかったので、こどもたちは、ゲームセンターで遊んでいた。なぜ、スペースインベーダーというゲームが流行したのかは別にして、このゲームがその後に始まる社会変容の契機になったことはたしかである。その変容とは、遊びの領域において、おとなとこどもの境界があいまいになっていく過程のことである。

スペースインベーダーに始まるいわゆるコンピューターゲームは、その流行時からおとなもこどもも興じる遊びだった。喫茶店のテーブルにゲーム機が備えられ、おとなはコーヒーを飲みながら、ゲームに興じる。駄菓子屋の店先にも、簡易なゲーム機が置かれ、こどもが容易に遊べるようになる。そもそも、コンピューターゲームに年齢の制限はなかったのである。これは同時に、消費そのものから年齢制限が取り払われる過程の出発点でもある。必要な金銭さえあれば、商品を購入することができる。こどもであろうが、おとなであろうが、消費者であることに変わりはない。中学生にとっては、高価すぎる買い物ではないかといった道徳的抑制は、しだいに効かなくなっていく。そこにあるのは、消費者としての平等だけである。

こうしたなかで、中学生における平等意識が、消費と深く関わるようになる。それは、消費への権利が平等に保障されていなければならないという考え方である。教室のなかで、特定の生徒だけが特別に消費への権利を有しているという判断がされると、それがその生徒に対する暴力行使の引き金となる。

ほんの些細なことであっても、中学生のあいだでは「特権」に見えるものがあり、それが暴力につながることがある。たとえば、髪の毛を染めたのではないかという疑惑を向けられた女子中学生がいじめられ、自殺したという事例がある（一九九五年、千葉県神崎町で女子中学生が自殺）。実際には髪を染めていなかったのだが、一人だけ髪を染める特権を享受しているのではないかという疑惑は払拭されず、それがいじめにつながったのである。

上越市のいじめ自殺事件

一九九五年一一月に新潟県上越市で起こったいじめ自殺事件の場合、自殺した春日中学校一年生の伊藤準君は、残された遺書のなかで「僕はお父さんに怒られて家にこなくなった、○○君、○○君、○○君、他に○○君、○○君に学校でいじめられていました。みんなたった一日で態度がかわり、皆、僕を無視しはじめました」と書いている。また「今では五千円近くうばいとられました」とも書かれており、いじめ自殺と金銭が関わっていることがわかる。この中学生の父親は、怒った理由について、「この子たち（息子をいじめた同級生）が朝六時に、朝練の前にうちにきて、バスケットのコートを使うのを」注意したと説明している（鎌田 1996: 141）。

自殺した少年とその友人たちは、みなバスケットボール部に所属していた。「朝練」とは、バスケットボール部の活動である。この少年の自宅には、バスケットボールの私設コートがあったので、友人たちがおそらくは無断で「うちにきて、バスケットのコートを使う」ようなことがあったのであろう。仲間のうち一人だけがバスケットコートを所有しており、しかも専有している状況が生じたら、ほかの者たちがどのような感情を抱くかは想像に難くない。もちろん、自宅にバスケットボールのコートを持つことは自由であり、少年とその父親に罪はない。ただ、それは少年の仲間にとって、少年だけが特権を有することに対する嫉妬心を増幅させた。その後、少年とほかのバスケットボール部員とのあいだに、友情が復活することはない。暴力によって少年は制圧されていくのである。

上越市と神崎町のいじめ自殺事件は、民俗学などで取り上げられてきた「憑きもの筋」の話に似ている。それは、村のなかで突然長者になった家に、実は狐が憑いているといった噂が流れ、その家との婚姻を忌避することで、長者を孤立化させるという話である。バスケットボールのコートであれ、髪を染めるという行為であれ、それは贅沢なふるまいであり、いわば過剰な「富」を独占しているように見えるのである。

以上の事例から、いじめ自殺を生む生徒集団が学校内で形成されるのは、友人関係にある者同士が富の共有を拒んだ場合や、一人だけ特権をもちながら、それを誰かと共有せず独占していると周囲から認識された場合であることがわかる。しかし、富の共有を拒まなくとも、いじめが生じないわけではない。

たとえば一九九一年、東京都町田市つくし野で起こったいじめ自殺事件では、自殺したつくし野中学校二年生の前田晶子さんが、同級生からビデオを借りたというエピソードがある。それはVHS仕様のビデオだったが、この中学生の自宅はベータ仕様だったため、実際には借りても見ることはできない。しかも、後から借り賃として月六万円を要求された。「善意」を装いながら、借り賃を謝礼の一種として払わせる。これは、一種の詐欺である(12)。

より端的に、明らかに恐喝から暴力の行使が始まる事例もある。一九九五年五月に鹿児島市で起こったいじめ自殺事件では、坂元中学校三年生の池水大輔君の自宅に同級生がやって来て、「(大輔君が)いきなり殴られて、家のなかを家捜しされて、用心棒代だと称してお金二千円をとられた」(鎌田 1996: 17)ことからいじめが始まる(13)。

大河内君いじめ自殺事件

いじめ自殺と金銭との関わりが明確になったのは、いじめが社会問題として国会でも取り上げられるきっかけとなった、一九九四年一一月の愛知県西尾市のいじめ自殺事件である。

この事件で犠牲となった西尾市立東部中学校二年生の大河内清輝君(一三歳)は、長文の遺書を残している。そのなかで友人たちに継続的に金銭を渡していたことが、以下のように書かれている。

いつも四人の人(名前が出せなくてスミマせん。)にお金をとられていました。そして、今日、もっていくお金がどうしてもみつからなかったし、これから生きていても……。(中略)自殺した理由は今日も四〇〇〇〇とられたからです。そして、お金がなくなって、「とってこれませんでした」っていっても、いじめられて、もう一回とってこいっていわれるだけだからです(朝日新聞一九九四年一二月五日付夕刊)。

清輝君はこの遺書で、自殺の原因が金銭をとられ続け、もはや渡す金がなくなったからだと明言している。自殺するまでに百万円以上もの金額を渡しており、清輝君が書いた母親宛の一一四万二〇〇円の借用書も見つかっている。この金銭はすべて、清輝君が所属していた集団のなかで使われている。おもな使途はゲームセンターやカラオケボックスなどでの遊びで、カラオケボックスで特上寿司を注文することもあったという（毎日新聞社会部 1995: 15）。

清輝君は金銭を工面するため、西尾駅前の古書店でゲームソフトを売っていた（毎日新聞社会部 1995: 16）。東部中学校近くのあるゲームソフト店の店主は、「買取申込書」に「一八歳未満の方の買取には、保護者の方の承諾書と本人の身分証が必要です」と記載して、安易にゲームソフトを買い取ることはしないと語ったが、一店だけこうしたルールを設けても、ほかにいくらでも買い手がいるのである。

遺書には、自転車で遠くにあるスーパーまで買い物に行かせられた経験など、「使い走り」をさせられていたことが綴られている。自転車店の店主は、自転車が壊れて清輝君がしばしば修理に来ていたと語っている。

一方、家族との旅行の思い出も語られている。遺書とは別に書かれた「少年時代の思い出　旅日記」と題された大学ノート一四頁に及ぶ文章には、事細かに家族旅行の思い出が語られている。特にオーストラリア旅行には、五頁も割かれているという。また、「僕はもうこの世からいません。お金もへる心配もありません。一人分食費がへりました」と書かれ、家族に対しては、「おわび」のことばも綴られている。

家族との関係が一見良好にみえる少年が、自分をいじめる少年たちとの関係を断ち切れなかったのか、ふしぎである。実際には、暴力を行使されていても、思春期における自立心から、ほかの少年たちと仲間意識があると思いたかったのかもしれない。学校や家庭とは別の「自立」と「自由」を経験できる居場所は、中学生にとって重要な意味をもつからである。

いずれにせよ、こども同士の交流における有形、無形の交換は、贈与であるのか、それとも詐欺であるのかが不分明な場合が多い。家の金を持ち出して、友人に渡すのは、当初はある種の「好意」から生まれている。それは、友人間の「共同財産」として、贈与したものである。ところがその結果、友人たちから日常的に金を要求されることになる。第三者からは、恐喝もしくは友情に見せかけた詐欺にしかみえないが、友人同士はほとんど完結した、外部からの監視がない世界のなかで行動しているので、詐欺（あるいはいじめ）に遭っているという認識に至るには時間がかかる(14)。

ただ、家族関係も友人関係も、少年にとって消費と強く結びついて認識されていることはたしかである。「仲間」たちとの交遊は、ゲームセンターやカラオケボックスにおける消費が中心で、その資金源がこの少年だった。また、現代家族が消費を通じてしか、共同性を維持できないことを示すかのように、家族との交流も、旅行のような消費を通じて行われている。

ここで、いじめ自殺における重要な要素が何であるかが見えてくる。それは富であり、富をもたらす貨幣、貨幣を用いた消費である。鹿児島市の事例のように、明らかに恐喝に当たるような行為もあれば、千葉県神崎町の事例のように、直接金銭が絡んではいないが髪染めのような身体を装飾する消費に対する暴力の行使もあるが、いじめ自殺と富の取得、消費とはどこかで関わっている。いじめ自殺が認識され始めたのは一九八〇年代からであり、それは高度化した消費社会が到来した時期と重なっている。消費社会が浸透するにつれ、暴力の加害者＝生産者ではなく、暴力の被害者＝消費者に焦点が当てられていったのである。

3　再び軍隊の痕跡

中学生の集団で、その成員の一部に対して、言語および身体への暴力を加えたり、その所有物を侵害したりした結果、被害者が自殺するのが、いじめ自殺である。この定義に基づけば、被害者の所有している財が侵害される、つまり金銭が関わることが明らかであるいじめは、いじめの要素を網羅しているといえる。それは「言語および身体への暴力」だけではなく、「所有物の侵害」にまで至るからである。

われわれが調べた中学生のいじめ自殺のうち、金銭が絡んでいたことが遺書や関係者の証言等からわかるのは、30件ある（二〇〇九年八月三一日現在）。そのうち、地域が特定できるのは29件である(15)。実際には、これ以外にも金銭が絡んだ事例はあるだろう。したがって、実数は29件より多くなる可能性が高い。

そこで、29件のいじめ自殺事件について、空間の変容という観点から、その特徴を見てみよう。それによって、戦後の空間編成と暴力の発生との間に何らかの関係があるかどうか、はっきりしてくるからである（表2）。

戦前の農漁村

まず、この29件すべてに共通しているのは、いじめ自殺が起こった中学校区は、戦前はすべて農漁村部であった点である。第1章表1で見たように、地域の人口が少なければ少ないほど、いじめ自殺が起こる可能性が高くなる。反対に、都市の中心部においては、いじめ自殺は発生しにくい(16)。29地域のうち、東京都内にあるのは、大田区、江戸川区および町田市である。江戸川区と町田市は、都の東端と南端に位置し、農漁村部だった。大田区でいじめ自殺が起こった地区は穴守稲荷があり、そこだけは繁華街であったが、その周辺はやはり漁村だった。大阪府高石市も戦前は農村で、海岸は海水浴場として利用されていた。福岡市東区も福岡市の中心から外れており、筥崎八幡宮と九州大学のキャンパスがあるほかは漁村だった。また、地方都市の場合でも中心街ではなく、市の周辺部の農村地帯だった学区でいじめ自殺は起こっている。

軍事施設の建設

次の特徴は、戦前、戦中にかけて、軍事施設が建設された地域が多い点である。いじめ自殺が起こった29市町村の内訳は、関東11、九州7、東海信越5、関西・中国3、東北2、北海道1である。そのうち、かつて軍関連施設がおかれたのは17地域、その他2地域を含めると、軍隊が存在したいじめ自殺事件の地域は19地域である。

明治期から陸軍関連施設が存在したのは、6地域である。千葉県の習志野原は陸軍演習場となり、その一角が今日、千葉県八千代市の一部になっている。このほかに新潟県上越市（旧高田市、陸軍歩兵第

表2　いじめ自殺事件と軍事施設

都道府県	市町村	自殺年	性別	学年（年齢）	中学校名	軍事施設設置年	軍事施設（　）は近隣施設	特攻隊
大阪府	高石市	1980	男子	中1（12）	高石		（堺で陸軍大演習，浜寺公園に米軍進駐）	
静岡県	富士市	1985	男子	中2（14）	富士	1944（昭19）	陸軍富士飛行場	
福島県	いわき市	1985	男子	中3（14）	小川		（常磐炭鉱）	
東京都	大田区	1985	女子	中2（13）	羽田	1941（昭16）	東京空港が海軍航空隊飛行場に	
青森県	野辺地町	1985	男子	中2（14）	野辺地		（三沢基地）	
茨城県	阿見町	1986	男子	中3（15）	阿見	1921（大10）	霞ヶ浦海軍航空隊飛行場	予科練
岡山県	鴨方町（浅口市）	1989	男子	中3（15）	鴨方			
千葉県	富津市	1989	男子	中1（12）	天羽	1892（明25）	富津元州堡塁砲台ほか	
福岡県	福岡市東区	1989	女子	中3（14）	箱崎	1945（昭20）	福岡第一飛行場が海軍飛行場に	
東京都	町田市	1991	女子	中2（13）	つくし野	1943（昭18）	弾薬貯蔵庫，「戦車道路」，拓一二〇三七部隊ほか	
福岡県	行橋市	1993	男子	中2（13）	行橋	1943（昭18）	築城海軍航空隊飛行場	特攻隊編成基地
岡山県	総社市	1994	男子	中3（14）	総社東			
東京都	江戸川区	1994	男子	中3（14）	小松川第三		（軍事施設多数）	
鹿児島県	出水市	1994	男子	中3（14）	米ノ津	1943（昭18）	出水海軍航空隊飛行場	特攻基地
愛知県	西尾市	1994	男子	中2（13）	東部			
静岡県	浜松市	1995	男子	中2（14）	東部	1926（大15）	陸軍飛行第七連隊，陸軍第一四三師団歩兵第四〇九連隊	陸軍特攻隊（富嶽隊）
鹿児島県	鹿児島市	1995	男子	中3（14）	坂元	1896（明29）	陸軍歩兵第四十五連隊，伊敷練兵場ほか多数	
新潟県	上越市	1995	男子	中1（13）	春日	1896（明29）	陸軍歩兵第三十連隊	
埼玉県	行田市	1996	男子	中2（14）	行田	1945（昭20）	被服本廠出張所，機械化部隊	
福岡県	城島町（久留米市）	1996	男子	中3（15）	城島	1937（昭12）	陸軍工兵隊	
鹿児島県	知覧町（南九州市）	1996	男子	中3（14）	知覧	1941（昭16）	陸軍知覧飛行場，大刀洗陸軍飛行学校知覧分校	陸軍知覧特攻基地
福岡県	三潴町（久留米市）	1997	男子	中3（14）	三潴		（陸軍歩兵第四十八連隊）	
北海道	旭川市	1997	男子	中3（14）		1902（明35）	陸軍第七師団	
千葉県	成田市	1998	男子	中2（14）	遠山		（三里塚御料牧場，富里町に八街飛行場）	
新潟県	朝日村（村上市）	1998	男子	中2（13）	朝日			
千葉県	八千代市	1999	男子	中1（13）	萱田	1874（明7）	陸軍習志野原演習場，近衛師団騎兵第一旅団，第一師団騎兵第二旅団	
栃木県	宇都宮市	2000	男子	中3（14）	横川	1908（明41）	陸軍第十四師団，陸軍宇都宮飛行場	
茨城県	結城市	2000	男子	中1（12）	結城南	1945（昭20）	納部隊	
埼玉県	本庄市	2006	男子	中3（14）	本庄東	1944（昭19）	陸軍児玉飛行場	特攻基地
合計	29						19（6）	6

三十連隊）、鹿児島県鹿児島市（陸軍歩兵第四十五連隊、ほかに伊敷練兵場等多数の軍関連施設）、北海道旭川市（陸軍第七師団、毎日新聞社会部 1979: 208-214）、千葉県富津市（富津元州堡塁砲台等、富津市史編纂委員会 1982: 884）、栃木県宇都宮市（陸軍第十四師団、宇都宮市史編さん委員会 1981: 613）がある。

大正・昭和期に軍事施設が設置されたのは、3地域である。大正期に茨城県阿見町に霞ヶ浦海軍航空隊が設置され、その後、予科練（海軍飛行予科練習生）の訓練も行われたが、それは一種の村おこしの意味をもっていた。昭和に入ると浜松市に陸軍飛行第七連隊が設置されたが、それは不況下で地域の活性化を促すため地元民が誘致運動を行った結果である（静岡県近代史研究会 1994: 69）。その後、さまざまな軍関連施設や軍需工場が建設され、敗戦間近には陸軍第一四三師団歩兵第四〇九連隊が駐屯したと推定できる（一九四五年、防衛庁防衛研修所 1971 付録地図）。また、福岡県城島町（現久留米市）に陸軍工兵隊の兵舎ができ、訓練が行われるようになった（城島町誌編纂委員会 1998: 279-280）。

戦時期に海軍もしくは陸軍飛行場が建設されたのは、8地域である。大田区の東京空港（現羽田空港）は海軍の飛行場となった（大田区史編さん委員会 1996: 492）。ほかに福岡県行橋市（築城海軍航空隊・飛行場）（行橋市 2006: 290）、鹿児島県出水市（出水海軍航空隊・飛行場）（田島 1960: 5）、静岡県富士市（陸軍富士飛行場）、埼玉県本庄市（陸軍児玉飛行場）（北沢 2000: 14）がある。鹿児島県知覧町には、大刀洗陸軍飛行学校知覧分校が開校し、陸軍知覧特攻基地となった。福岡県福岡市東区では、民間機がおもに利用していた福岡第一飛行場（一九三六年開港）が海軍飛行場となった。また、九州帝国大学医学部で、捕虜を対象とした人体実験が行われていたことは、遠藤周作の小説『海と毒薬』（1960）

などで知られている。東京都町田市は軍都計画が進められた相模原市に隣接し、すでに弾薬貯蔵庫が建設されていたが（一九二六年）、戦時期には「戦車道路」が建設され、本土決戦に向けて戦車部隊が駐屯し、多くの戦車壕が築かれた。敗戦間近には決戦師団第二〇一師団の一部を構成する拓一二〇三七部隊も駐屯した（町田市史 1976: 933-935, 977-979）。

また、埼玉県行田市（足袋工場が被服本廠出張所に、敗戦間近に機械化部隊が駐屯。行田市史編纂委員会 1964: 1015）、茨城県結城市（同時期に納部隊駐屯。結城市史編さん委員会 1982 : 800-801）の2地域がある。

ここで注目したいのは、特に軍事施設がおかれた17地域のうち、何らかのかたちで特攻隊と関わった6地域があることである。出水、本庄、知覧には特攻基地がおかれた。また、霞ヶ浦飛行場で訓練を受けた予科練の多くが、特攻隊の一員として出撃したことはよく知られている。一九四四年一〇月に米軍のレイテ島上陸作戦の際に、予科練出身者を中心に第一次神風特別攻撃隊が編成されて以来、海軍の特攻兵の多くは予科練出身者だった。さらには、浜松の陸軍飛行第七連隊では、陸軍として初めての特攻隊である富嶽隊が編成されるなど、陸軍の特攻隊員の中心的な訓練場がおかれていた。行橋市の築城海軍航空隊も、一九四五年に特攻隊の編成基地となった。

軍隊の存在は特に終戦まじかになると、死と強く結びついてくる。村から出征した兵士の訃報は、当然のことながら増加する。特に特攻兵の場合には、生きて故郷に戻ることはほぼありえない。特攻基地周辺の住民は、この点を知っている。死を選ばざるをえなかった若き兵士たちが、数多くいたことを知悉していたのである。

旧軍用地の周辺部

もう一つの特徴は、17地域のなかで、いじめ自殺が起こった中学校の学区内にかつて軍事施設があったのは4地域で、浜松市を除く3地域（阿見町、城島町、知覧町）は、町と学区が一致し、町内に中学校が一つしかない町村部である。言いかえれば、いじめ自殺は旧軍用地の跡地ではなく、その周辺部に多く起こっている。それは、旧来の農村部に属する。地域にとっては、隣接地への軍隊の進出は、大きな変化を意味する。軍事施設と軍人を中心とする軍関係者が移住してくることは、まさに他者を迎えることである。すでに見たように、土地をなかば強制的に買い上げていく軍隊に対して、農民は必ずしも好意的ではなかった。

19地域のほかにも、軍関連施設と間接的なつながりを示す事例が多い。青森県野辺地町は、三沢市における戦時期の飛行場建設および戦後の米軍基地建設との関わりがある。福岡県三潴町は城島町と隣接しており、現在は両町とも久留米市と合併している。久留米市には、陸軍久留米歩兵第四十八連隊が設置されていた。東京都には多くの軍事施設があり、その周縁に位置する江戸川区もほぼ同じである。大阪府高石市は元々農漁村部だったが、隣接する堺市では陸軍大演習が行われ、その後堺市は軍都と化した。現在の堺市と高石市にまたがる浜寺公園も演習の場所であったが、敗戦直後に米軍が進駐し、海岸部に米軍キャンプを設営して一九五八年まで駐屯した（小葉田 1972: 444-447）。いわき市には常磐炭鉱があり、戦時期には軍主導で増産体制がとられていた。成田市には軍事施設はなかったが、三里塚御料牧場があり、隣接する富里町に八街飛行場があった。軍隊とほとんど関連がないのは、愛知県西尾市、岡山県総社市と鴨方町、新潟県旧朝日村（現村上市）の4地域だけである。

松山薫の研究によれば、平坦な広い土地を必要とする軍用飛行場は、戦略的な観点から関東と九州に多く存在する（松山 2000: 66）。本土決戦において、この二つの地方に米軍が上陸すると想定されていたからである。このほかには戦略上、静岡県も米軍上陸予定地の一つとされていた。いじめ自殺が起こった地域も関東と九州に多く、九州は福岡県と鹿児島県に集中している。また、静岡県で起こった事例は、2件ある。

4　いじめ自殺事件と開発

29件のいじめ自殺事件が起こった地域に、旧軍用地が存在する地域が多いのは偶然なのか。それとも、何か理由があるのか。

まず、いじめ自殺事件そのものと軍隊との関連性についていえば、そもそも軍隊は訓練という名の「しごき」、つまりいじめがあり、またその結果自殺者も出ることがあるという点が指摘できる。軍隊における自殺率が、ほかの組織に比べて高いことは、デュルケームも指摘している。現在の日本においても、自衛隊員の自殺はしばしば問題にされる。したがって「しごきの文化」が、かつて軍隊が存在した地域、特に学校に浸透したと考えられないわけではない。ただし、仮にそうだとしても、それがいじめ自殺を生んでいると単純に説明することはできない。なぜなら、いじめが必ずしも自殺に結びつくとは限らないからである。

この点から考えると、特に特攻基地が存在した場所にいじめ自殺が起こっていることの方が、注目すべき事実である。もし、特攻兵がマンガや映画のようなメディアを通じてではなく、かつて地域内で実際に訓練し、戦場に飛び立っていった存在として認知されているなら、少なくとも意図的に死を選ぶという行為が現実の選択として感じられるであろう。継続的に暴力を行使される現実から逃れるために、死は有効な選択肢として実感されるのである。したがって、選択肢としての自死が実感されれば、特攻隊のイメージでなくともよい。アイドルタレントが自殺した後に、その後を追うように十代の若者の自殺が増加したように、自殺という選択肢が現実にあると認知されるかどうかが問題なのである。これは、旧軍用地の存在が自殺を促す可能性はあるが、それが決定要因ではないことも示す。

もう一点考えなければならないのは、なぜいじめ自殺が問題視され始めるのが、一九八〇年以降なのかという点である。戦後、三十年以上が経過してから問題化している以上、そこには何か問題があるはずである。本書ですでに分析した事例からわかるのは、地域の大規模開発といじめ自殺に関連性があるのではないかという点である。

戦前、戦中においては、軍事施設の設置がそれ自体一種の公共事業の様相を帯びていた。陸軍の連隊司令部があった二六都市は「軍都」として位置づけられており、軍事都市の機能を備えることが明治以降の近代都市形成において重要な意味をもっていた。軍都建設だけではなく、阿見町の事例で見たように、農村部における飛行場や軍需工場の設置も含めると、戦前、戦中の国家は軍隊を通じて空間の再編成を遂行していたとさえいえる。そこで次章では、戦後の国土開発計画を中心とする開発といじめ自殺との関係について見てみたい。

注

（1）金賛汀『僕、もう我慢できないよ』『続・僕、もう我慢できないよ』（1980）および『遺書のない自殺』（1981）である。上福岡第三中学校一年生の林賢一君の自殺は、いじめを教育問題として大きくクローズアップさせた。

（2）高石市のいじめ自殺事件は、第4章一〇六─一〇七頁。この事件に関して、同課長は、「校内暴力の解決に即効薬はなく、この種の裁判で争われても、真の問題解決にならないのではないか。それだけに、学校当局や現場の教師の責任は重大なわけだ」とコメントしている（朝日新聞一九八一年五月二〇日付）。

（3）調査結果は、文部科学省「児童生徒の問題行動等生徒指導上の諸問題に関する調査」において報告されている。文部科学省ホームページで閲覧可能である（http://www.mext.go.jp/b_menu/toukei/chousa01/shidou/1267646.htm）。

（4）これは、一九九四年に多発したいじめ自殺事件によって、いじめが社会問題化されたことによる。したがって、一九九四年度以前と以後については単純に比較できないことを念頭におく必要がある。

（5）第5章一六六─一六七頁。

（6）第1章一〇─一三頁。

（7）第1章八頁参照。

（8）朝日新聞東京本社、大阪本社版、読売新聞東京本社版はあらゆる年度の記事が、毎日新聞は一八七二年以降、産經新聞東京本社版は一九九二年九月七日以降の記事が、各WEBデータベースで閲覧可能である。地域版は朝日新聞、読売新聞、毎日新聞いずれも、地域によって閲覧可能な年度が異なる。

（9）「日本の子どもたち」（http://www.jca.apc.org/praca/takeda/）

（10）文部科学省データは注（3）と同じ。いじめ件数の算出は、一九九九～二〇〇四年各年度の割合（いじめ件数／公立中学校生徒数）を算出し、生徒千人あたりの数値に換算する。その数値の五年間の平均をいじめ件数とした。ここでいう年度とは、4月2日から翌年4月1日までをさす。都道府県別いじめ発生率は各年度によって変動が少なく、分散分析（繰り返しのない一元配置の分散分析）の結果、有意差なしであった。また、この統計は公立中学校による調査のため、いじめがあったかどうかの判断は、中学校側に委ねられている。したがって、実際にはいじめが起こったにもかかわらず、学校がそれを発見していないケースは、統計に反映されない。ここでは、各都道府県のあいだの「申告漏れ」に大きな差がないという前提に立つ。

(11) これは、自殺という結末をもたらすいじめがいかに進行するか、リアルタイムで調査することは不可能であることを意味する。自殺者は多くの場合、孤独のなかで死を選択しており、家族、友人等、自殺者の生前を知るひとびとの証言や残された遺書を手がかりに、自殺に至った経緯を推測するしかない。これらのデータも自殺の経緯のほんの一部を示すものにすぎず、この問題に関する総体的なデータを網羅的に収集することは不可能である。つまり、そもそも限られたデータを基に、その内実を推測しなければならないのである。

(12) 第5章一六二―一六三頁、一六六頁。

(13) 第5章一七二―一七三頁。

(14) マルセル・モースは、贈与が交換を生むという考え方に基づき、これを、「送る」「受け取る」「返礼する」という三つのサイクルからとらえている。ひとたび贈り物を受け取ると、それに対する返礼の義務が生じる。つまり、交換は一度始まると断ち切ることができないような社会的義務を生むという。これは、しばしば金銭の貸借にも適用される。金銭の授受がある場合にも、単なる対等な二者間の交換ではなく、それがあたかも贈与であるかのように進むのである。この場合、貸し手は借り手に対して優位に立っており、借り手は貸し手に対して恩義をもち続ける必要がある。これにより、実際には望まれていないにもかかわらず、あたかも贈り物を与えるかのように「恩」を売り、支配を確立することが可能になる。

(15) 新聞報道、遺書、関係者の証言のなかで、金銭にまつわる証言があった場合、その真偽はともかく、金銭が絡んだ事例として扱った。

(16) 第1章九頁、表1参照。

③
矢作川
名鉄西尾線
アイシン
岡崎市
六ッ美
桜町前
デンソー
西尾製作所
三和
東部中学校
西尾口
矢作古川
西尾市
つくしが丘
23
西尾
西尾市役所
広田川
デンソー
0
1km
N
農地など
市街地・宅地
工場
緑地・丘陵

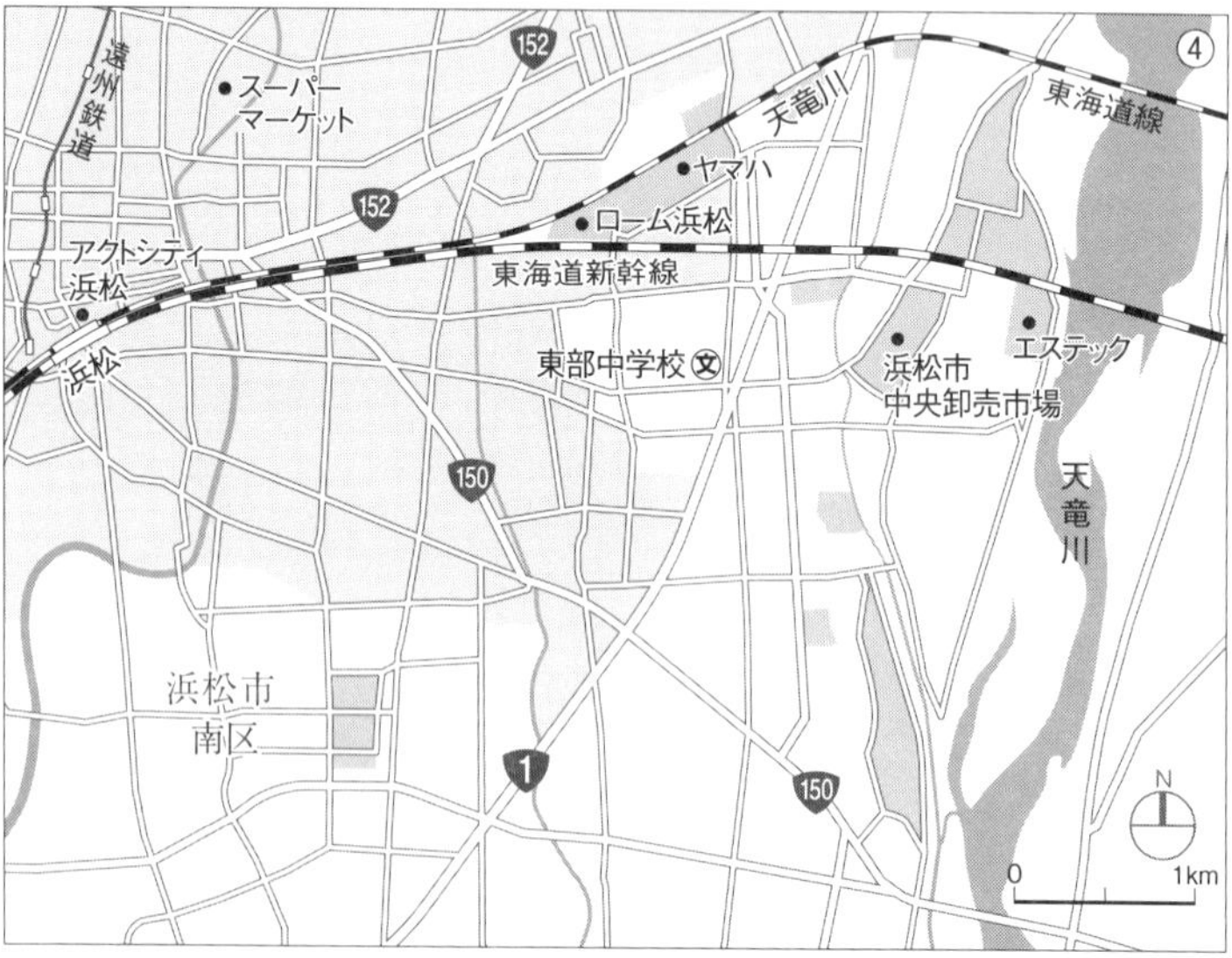
④
遠州鉄道
152
スーパーマーケット
天竜川
東海道線
ヤマハ
152
ローム浜松
アクトシティ浜松
東海道新幹線
浜松
東部中学校
浜松市中央卸売市場
エステック
150
天竜川
浜松市南区
1
150
N
0
1km

第4章　開発計画と暴力

1　国土計画

国家の空間そのものを包括的に改編する国土計画は、戦時体制とともに具体化する。

国土計画という用語が日本で本格的に用いられ始めたのは、一九四〇（昭和一五）年七月に「基本国策要綱」が閣議決定され、「日満支ヲ通スル総合国力ノ発展ヲ目標トスル国土開発計画ノ確立」が「国策」とされてからである（内閣制度百年史編纂委員会 1985: 233-234）。これに基づき、同年九月に企画院によって「国土計画設定要綱」が策定されている。この当時の国土計画は、「日満支」という表現に示されているように、大東亜共栄圏建設という前提のなかで練られている（西水 1975: 19）。

その後も企画院や内務省は、いくつかの国土計画案を策定するが、それは戦局に応じて大きく変化する。一九四二年、連合軍に対して日本軍はまだ優位に立っているという認識がある段階で、「大東亜国土計画大綱案」が策定された。まさに日本の勢力が最大に拡張した空間を想定し、大規模な開発計画が練られている。しかし、戦局が悪化した一九四三年一〇月の中央計画素案では、「本計画」は「理想的国防国家の建設を目途とせる」が「大東亜戦争遂行中の現時に於ては実施極めて困難」であるとしている（西水 1975: 86）。敗戦間近の一九四五年一月にも、内務省国土局は「戦時国土計画素案」を作成している（西水 1975: 234）。

ただ、企画院による国土計画が実効性をもっていたかというと、それは疑わしい。戦時期は軍部が圧倒的な権力を握っており、企画院が企画を立てた後に戦局の悪化もあり、計画倒れに終わっていた。しかしそれは、終戦後に意味をもつようになる。

大都市に工場が増えることで、人口が増加し、それに伴ってさまざまな問題が生まれるという現象は、すでに戦前から認識されていた。戦時期に初めて策定された国土計画は、資本主義の進展が人口と産業の集中による都市の肥大化を生む一方で、地方が過疎化していく危機意識に支えられている。一九四〇年に国土計画設定要綱を策定した星野直樹企画院総裁の談話には、すでに都市の過密化に対する危機感がにじみ出ている（1）。

戦時期の一九四一年に企画院が提示した「過大都市ノ弊害」では、まず「防空上ノ危険」が指摘され、「政治・文化・産業・経済等ノ集中地域タル大都市ガ戦時ニ於テ敵国ニトリ空襲価値ノ最モ高キ地点トシテ其ノ主要目標トナルコトハ免レザル所ナリ」と大都市への機能集中が、敵の格好の標的になる点に言及している。もちろん、こうした「国防」意識は今日希薄であるが、「防空」を「防災」に置き換えると、大都市への機能集中のリスクは高いという議論は現在に至るまで続いている。

また戦時期の国土計画には、都市の肥大化による弊害を解消していくために、大都市の工場を各地に分散させようとする発想がある。一九四二年、企画院は「工業規制地域」と「工業建設地域」を定めて、大都市には工業規制地域を設け、規制地域の工場を工業建設地域に移転する計画を立てている。そして実際に、工業建設予定地となる地域が具体的に列挙されている。戦時期にすでに、都市問題の解決法として、国土計画が考えられていたのである。この国土計画は現実に実施されることはなかったが、戦後、大都市の機能を分散させようとする試みが政策として積極的に講じられるようになる。

戦後における本格的な国土計画の実施は、一九五〇年の国土総合開発法施行後、一九六二年に全国総合開発計画（一全総）が閣議決定された時点から始まる。一全総の公の目標は、次の通りである。

この計画は、「国民所得倍増計画」および「国民所得倍増計画の構想」に即し、都市の過大化の防止と地域格差の縮小を配慮しながら、わが国に賦存する自然資源の有効な利用および資本、労働、技術等諸資源の適切な地域配分を通じて、地域間の均衡ある発展をはかることを目標とする（経済企画庁 1962: 4）。

一全総の目的は、経済成長をめざしながら、そのなかで生まれつつある東京や大阪の肥大化を抑制し、地方都市を工業都市に仕立て上げようとすることにあり、それは、戦時期の一連の国土計画の基本方針を踏襲している側面がある。戦時期の計画では、工業規制地域と工業建設地域の二つに地域が分類されていたが、一全総では地域が「過密地域（京浜、阪神、名古屋、北九州）」「整備地域」「開発地域」の三つのカテゴリーに分けられ、過密地域の工場を周辺の整備地域と開発地域に移転させる計画が立てられている。

国土計画は、戦後の開発計画の方向性を示している。実際の工場移転および工業地帯の拡がりの過程を見ると、次のような流れがある。

(1) 過密地域である大都市内部において、過密地域の中心部から周辺部、特に臨海部に、工場地帯がしだいに移動していく。たとえば、千葉県の京葉工業地帯、大阪府堺市、高石市の堺・泉北臨海工業地帯などがその典型である。

(2) 過密地域から半径百キロ程度の範囲内で、新たに工業団地を造成する。首都圏、中京工業地帯、北九州工業地帯の周辺部に工場が移転する。

(3) 国土計画に基づいた新産業都市などのプロジェクトによって、新たな地域に工業団地を造成する。

29件のいじめ自殺事件が起こった地域の多くが、この工場地帯の拡散現象と関わっている。そこで、カテゴリー別に地域の特徴を見てみよう。

2 工場の拡散 その一

高石市のいじめ自殺事件

(1)に相当するのは、高石市、福岡市東区および千葉県富津市である。富津市に関しては、(2)のカテゴリーに含めることも可能であるが、京葉工業地帯の最南部として位置づけることができるので、ここに入れておく。

高石市で一九八〇年九月に起こったいじめ自殺事件は、いじめということばが後に普及していくきっかけとなっている。それは、高石中学校一年生の中尾隆彦君が同級生の四人から、ときには暴力で威嚇されながら、金銭をとられていた事件である。少年たちはその金で、ゲームセンターで当時流行していたインベーダーゲームをしたり、飲食をしたりしていた(2)。

高石市(旧高石町)は堺市に隣接する農漁村部だったが、一九六一年から沿岸部が埋め立てられ、臨海工業地帯が形成されていく。同時に住宅開発も進み、一九六六年には市制が施行され、人口が急増した。工業地帯には、三井系の石油化学工業が進出し、一九七〇年には堺・泉北石油化学コンビナートが操業を開始した。その結果、公害が大きな社会問題となった(高石市史編纂会 1989: 1013-1026)。一九八七年に刊行された文集で、高石中学校区にある小学校の三年生は、次のように書いている。

今の高石市は、りん海工ぎょう地たいがあるため、空気があまりよくない。だからぼくが大人になったら今みたいな空気のわるい高石市じゃなくて、日本の町・村から、高石市は一番きれいだといわれる町にしてほしい(高石市教育委員会 1987: 7)。

高石中学校の周辺には、かつての農業地域がしだいに宅地化していったことをうかがわせる、脱中心化した風景がある。区画整理された地区と、入り組んだ道のある地区が混在し、ロードサイド店舗と比較的古くからある商店が、校区内に存在する(3)。

福岡市東区のいじめ自殺事件

福岡市東区は、筥崎八幡宮や九州大学のキャンパスがあるほかは、博多湾を中心に漁業が行われていた地域だった。そこに、臨海工業地帯を造成しようという計画が出てきたのは、一九六七年のことである。埋立地を箱崎地区と香椎地区の二つの地区に分け、前者を工業用地、後者を住宅地にしようというのが、基本的な計画だった。一九七〇年、農林省が策定した食品工業団地形成促進要綱に基づき、工業用地の埋立地に食品工業団地が造成されることになった。実際に計画が実施されたのは一九七四年で、最初に稼働し始めたのは、一九七七年福岡地方食販連の工場である。しかし、当初操業を予定していた企業の進出が遅れ、予定一七社すべてが操業を開始したのは、一九八九年のことだった（福岡市 1992: 1154-1173）。

この一九八九年一二月に、いじめ自殺事件が起こっている。箱崎中学校三年生の光安真由美さんが、次のような遺書を残し、列車の前に立って投身自殺したのである。

学校で金を持って来いといわれ、学校に行きたくない。
死にたい
いじめられ、体が痛い
一〇万円つくれ、といわれた
おじいちゃんの財布から黙って一万三〇〇〇円を取った。ごめんなさい
先生に電話したかったけど、連絡先がわからなかった（子どものしあわせ編集部 1995: 76）。

福岡市東区も、高石市と同じように、工業団地と入り組んだ道、比較的古い街並み、ロードサイド店舗などが混在し、脱中心化する風景を現出している。

富津市のいじめ自殺事件

千葉県富津市では、一九六六年に千葉県が富津地区土地造成計画を策定し、一九七一年に富津市が誕生する。しかし、埋立地造成事業が大幅に遅れ、着手されたのは一九七八年のことであり、当初の計画より規模を縮小したものだった（富津市史編さん委員会 1978: 150-152）。富津市の開発自体が、東京湾における京葉工業地帯の埋立地造成事業の最後に進められ、しかもそれが計画よりも大幅に遅れた。

いじめ自殺事件が起こったのは、天羽地区の天羽中学校で、一九八九年一一月のことである。富津市のなかでも天羽地区は、当初の計画において「観光と軽工業地」として位置づけられていた。自殺した一年生の男子生徒は、剣道部に在籍しており、「今の生活には耐えられない」と書いた遺書が見つかったという。「二年生に日ごろから殴るけるの乱暴を受けていた」「（使い走りをさせられていたが、持ち合わせの金がないので）放課後に教室に来て『お金を貸してください』と頼んでいるのを何度か見た」「顔に絵の具を塗られたりした」など、おもに部活動の上級生からいじめられていたと報道されている（朝日新聞一九八九年一一月一九日付ちば首都圏版）。

京葉工業地帯は富津市の北部に当たる富津岬の北までであり、天羽地区はそれよりはるか南に位置し、観光と農漁業がおもな産業である。この意味で、富津市と高石市や福岡市東区とは、地域の特性が異なっているようにみえる。しかし、それは見かけのことである。実際には、三つの地域には一定の特徴がある。

開発の周辺部

それはまず、一九六〇年代に本格化する工場移転と工業地帯の拡がりによって、影響を受けた地域だという点である。いずれの地域も、京浜、阪神、北九州の各工業地帯の周辺部に位置している。開発以前は住民の多くが農漁業を生業としており、このため、開発計画が進められていく際に、隣接する市町村とのあいだで軋轢が生じたり、周辺部にあるために、予定より計画の進行が遅れるようなこともあった。

高石市は、人口だけを見てもはるかに規模の大きい堺市と隣接しており、事実、堺市は高石町を合併しようと企てて、一九六六年にその旨申し出た。しかし、高石町はこれを拒否して同年市制を施行した（小葉田 1972: 538-543）。また、埋立地の境界をめぐっても、一九六四年と六八年に、堺市と高石市のあいだに対立が生じた（小葉田 1972: 504-505）。福岡市東区と富津市の場合には、計画自体が予定より遅れ、富津市の場合には、当初の計画より規模が縮小された。

これは、そもそもこれらの地域が開発の中心部に位置していなかったためであり、計画の遅れは、地域がつねに「開発中」の状態におかれることを意味する。すでに見たように、青森県のむつ小川原地区の開発は、途中で頓挫してしまう。開発が着手されながら、それが中途半端に終わると、風景も予定されていたような「開発後」の完成に至らない。これは、脱中心化する風景が現われる大きな理由の一つである。

また、富津市に典型的に現われるように、いじめ自殺が起こった地域は、開発が予定より遅れた地域内でさらに周辺部に当たる。京葉工業地帯が富津市内にまで拡大し、伝統的な生業は衰退するが、そうした地域の変容のなかで伝統的な生業が残る天羽地区において、いじめ自殺は起こっている。それは、開発の波が押し寄せながら、地域の境界の外で止まってしまったところである。

3　工場の拡散　その二

次に見るのは、(2)工場の密集地域から半径百キロ程度の範囲内で、新たに工業団地を造成した地域である。このカテゴリーに入るのは、首都圏周辺部の茨城県、埼玉県、千葉県などに位置する地域である。東京都内に集中する工場を関東六県および山梨県（これに東京都を加えた地域を首都圏と呼ぶ）に移転させるという構想は、全国総合開発計画のそれと同じである。

一九六三年、江東区亀戸から習志野の開拓地に日立製作所が移転したが(4)、これは、東京都二三区内の工場が周辺部に移転していく過程の一つである。自殺が起こった地域のうち、首都圏周辺部に位置し、東京から公共交通機関を利用して一時間以上かかるのは、千葉県富津市および成田市、茨城県結城市および阿見町、埼玉県行田市および本庄市で、これらの地域でも一九六〇年代から工業開発が行われている。このうち、すでに本書で取り上げた富津市、成田市、阿見町を除く二つの首都圏周辺部について、その特徴について見てみよう。

結城市のいじめ自殺事件

結城市は、一九五六年に制定された首都圏整備法に基づいて工業団地が建設された地域である(5)。

結城市は結城紬で有名なまちだが、これは農家の副業として営まれていた。ほかに伝統的な地場産業として桐たんすと桐下駄が生産されており、また、戦時中に疎開し、そのまま定着した工場もある(結城市史編さん委員会 1982: 970-971)。一九五九年には工場誘致条例を制定し、一九六〇年に六社が工場移転を決定し、翌年には新たに四社が加わり、十社が操業を開始した(結城市史編さん委員会 1982: 973-974)。ただし、進出した企業が、いずれも中小工場だったため、より大規模な工業団地の造成が計画された。これが、矢畑工業団地である。結城市は、一九六七年から土地買収に着手した。一九七〇年代には散発的に企業が進出するが、造成は当初の計画通り進まなかった。当初予定した大規模工場の誘致はままならなかったのである。こうした開発の遅延は、福岡市東区や富津市の場合と同様である。

二〇〇二年の市勢要覧には、「昭和六〇年代になると工業団地が造成され、多くの企業が結城に進出しました」とあり、たしかに結城第一工業団地が新たに造成され、一九八〇年ごろから十年間に事業所数、従業員数、製造品出荷額のいずれも増加しているが、一九九〇年あたりをピークに減少の一途をたどっている(茨城県結城市 2002)。一方で、結城市が作成した年表には、一九八一年に「伝統産業都市指定、人口五万人に」と記述されており、このとき再び伝統産業である結城紬などを目玉にした観光に力を入れようとしたことがわかる(結城市史編さん委員会 1982)。この時期、観光の振興と企業誘致によって、地域の再活性化が図られたのである。

この時期以降の結城市は、三つの地域に分けることができる。一つめは、結城駅の北に位置する旧商店街である。二つめの地域は、駅南の新たに開発された地域である。そこには大型店舗がロードサイドに出店している。三つめの地域が結城第一工業団地を含む地域で、工業団地以外は農地が広がる。工業団地を境界として、駅南の開発地域と農業地帯が隔てられているといってもよい。また、神社仏閣がこの地域に数多く存在している。この第三の地域は、開発の波がぎりぎりまで押し寄せているが、農業が地域の中心的な産業であることに変わりはない。この意味で、すでに見てきたいじめ自殺発生地域の特徴を兼ね備えた地域である。

実際、ここに位置する結城南中学校で、二〇〇〇年六月にいじめ自殺事件が起こっている。それは、一年生の男子生徒が、自室のクローゼットのパイプに結んだひもで、首をつって自殺した事件である。少年は、ゲームソフトの名前とともに、「ぜったいにかってくる　かってこなかったら　一万円」と書かれたメモを残していた。また、少年は「いわゆる使い走り状態だった」という(茨城新聞二〇〇〇年七月六日付)。

この地域には、奈良時代の初めに法成寺と呼ばれる寺院があったことがわかっており、その跡は「結城廃寺跡」として、二〇〇二年に国の史跡に指定されている。ただ、廃寺跡なので、白菜畑の前に史跡指定を示す掲示板が立てられているにすぎない。廃寺跡が、いじめ自殺が起こった二年後に史跡指定されているのは、単なる偶然のようにみえる。少なくとも史跡指定の申請は、いじめ自殺事件とは関係なく、進められていたであろう。しかし、地域は無意識のうちに、象徴的中心の復活を求めている。文化財を創出することによって、新たに中心を生み出そうとしていたのである。

行田市のいじめ自殺事件

埼玉県行田市も、結城市とほぼ同時期に、工業団地を造成した。行田市には地場産業として足袋産業があり、一九三八(昭和一三)年に生産のピークを迎えた。しかし、戦後は生活様式が変化し、足袋の需要が減少し、足袋産業は慢性的な不況に陥った。そこで一九五五年頃から、ナイロン製靴下の生産を始めた。ただ、それだけでは不十分なため、一九六二年に行田市開発協会を設立し、工業団地の造成に着手した。進出した企業は、一九六八年に工場操業を開始した。富士見工業団地の誕生である。

行田市の次の転換期は、行田駅前にできた新興住宅地の門井町を中心に、一九七八年からスーパーマーケットをはじめとする大型店舗が進出してきたことである。また同年、さきたま古墳群の稲荷山古墳から出土した鉄剣に刻まれた文のなかに辛亥(四七一年)の文字や雄略天皇の存在を示す文字が発見され、一九八三年にはそれが国宝に指定された。和菓子屋を経営する女性は、次のように語る(6)。

ええ。田んぼもありました。古墳とか見てきましたか。古墳があったところは、まわりがずっと田んぼだったんですね。古墳を名所にしたんでお客さんが来るでしょ。そうすると、車の置き場がないから。田んぼをみんな埋め立てて、ほとんど半分以上埋め立てたんじゃないかな。農家の人なんかも仕事になんないから、今度は外へ、仕事に行くようになる。

この証言が正しければ、住宅開発と同時に生じた「古代ブーム」が、行田の脱農業化を加速させたことになる。女性は、足袋産業の衰退については、次のように語る。

足袋がたくさんできたんですよ。工場がたくさんあって。足袋の縫い子さんが随分通ってやってたんですけど。いまは、足袋をはかなくなったから。それから靴下に移って。だから足袋やさんもほとんどだめです。足袋にする布やさんが大阪のほうから売りに来たり、それから、こはぜやさん。あとは底張りとかね。染物やさん。足袋を染めるでしょ。ああいう仕事があったんです。いろいろ業者が集まってたんだけど、足袋は売れないからどうしても。大きい広場があるけど、そこは足袋やさんだったんですよ。それがいまは、だめになっちゃいましてね。前は、どこ行ってもがちゃがちゃがちゃがちゃミシンの音がしてたけど。だから、昔は歩いて通ったもんですよね。縫い子さんだとか、職人がね。だから、うちでも商売にもなったし。いろいろな商売があったたし。空き地があったしね。いまは、足袋やさんがだめだから、だめですね。

行田市で、いじめ自殺が起こったのは、一九九六年一月のことである。自殺したのは、行田中学校二年生の細井和孝君で、結城市の事例同様に、暴力をふるわれただけではなく、「ファミコンソフトの貸し借りをめぐって金銭的なトラブル」もあった。また、「同級生と買い物に行くと、与えた小遣いが一円も残っていないことがあった」という（埼玉新聞一九九六年七月三〇日付）。

行田中学校が位置するのは、かつての中心街だった秩父鉄道行田市駅周辺でも、その後に開発された工業団地でも、JR行田駅周辺でもない。そこから外れたかつての農業地域である。結城南中学校があるような、市内でも最後に開発の余波が押し寄せた地域なのである。そこには、和菓子屋経営の女性が指摘していたように、古墳が点在している。この地域には、一九七六年からさきたま古墳公園が整備され、観光の中心となっている。

本庄市のいじめ自殺事件

埼玉県では、金銭にまつわるいじめによる自殺事件がもう一件起こっている。それは、本庄市の事例である。

現在の本庄市の一角には一九四二年から陸軍児玉飛行場が建設され、四四年に完成して特攻基地となった。戦後は農地開拓が行われ（本庄市史編集室 1995: 1183）、後に児玉工業団地が造成され、一九八一年から分譲が始まった。その後、「地方拠点都市法」に基づき、一九九三年に「本庄地方拠点都市地域」に指定された。これは、「本庄新都心」を開発しようという計画で、「新幹線駅設置」「早稲田リサーチパーク整備事業」が計画され、それぞれ二〇〇一、〇二年に工事が着工された（埼玉自治体問題研究所 2003: 17）。

本庄市にいじめ自殺事件が起こったのは、こうした新たな開発計画が進んだ二〇〇六年一一月のことである。

本庄東中学校三年の男子生徒が、首つり自殺をした。金銭の貸し借りがなかったにもかかわらず、少年は、「十一月に入って数回にわたって『五百円を返せ』『利子がついて二万円になる』と要求されていた」たという（埼玉新聞二〇〇六年一一月一四日付）。東中学は、本庄市の旧市街を東に進んだ地域にある。旧市街はかつては本庄七福神があり栄えていたが、いまはにぎわいの中心は「駅南」、つまりJ

R本庄駅の南に移っている。東中が位置するのは、旧市街から少しはずれた、いまだ住宅地のなかに農地が残っているような地域である。そこは、北に国道一七号線が走り、ロードサイド店舗があり工場も存在する、典型的な脱中心化する風景である。

西尾市のいじめ自殺事件

中京工業地帯の周辺部として、トヨタの関連企業が移転した、愛知県西尾市が挙げられる。西尾市は矢作川流域に穀倉地帯が広がり、一九五〇年代までは農業中心であった。一九五九年の「西尾市建設計画」および一九六五年の「西尾市総合計画」で、「工業都市」が目標とされ、一九六八年にアイシン精機西尾工場、一九七三年に日本電装西尾製作所（現デンソー）が誕生した。その後、市の東に位置する三和地区の丘陵部に住宅団地が造成され、一九八〇年からつくしが丘団地として分譲された。

三和地区は、市街地から外れた農業地帯であった。神社仏閣が数多く存在する地域でもあり、岡崎市南部の方が西尾市の中心部よりも近く、大正天皇即位の大嘗祭の斎田があった岡崎市六ツ美に隣接している（当時は、六ツ美村と三和村であった）。開発後は、つくしが丘団地に隣接してスーパーなどが進出しているが、原則として市街化調整区域となっており、農地がいまだ多く残っている。地区の住民は、買い物などのためには、岡崎市の方に行くという。旧住民の住宅および農地、新たに建設された住宅団地、そして工場が混在する脱中心化する風景の典型が、そこにもある（地図③）。

一九九四年に西尾市の東部中学校で大河内君のいじめ自殺事件があったことが、当時、いじめ問題に社会の関心が集中するきっかけになったことはよく知られている(7)。

行橋市のいじめ自殺事件

最後に、北九州工業地帯の周辺部について見てみよう。

北九州工業地帯の周辺部における工場移転先対象地域のなかで、いじめ自殺が起こったのは、福岡県行橋市である。行橋には一九四三年に築城海軍飛行場が設置され、現在は航空自衛隊築城基地になっている。一九五四年に市制を施行して行橋市となった。農業人口は一九六〇年頃から減り始め、一方で北九州工業地帯へ労働力を供給していった。また、一九五七年に安川電機行橋工場が設立され、一九七一年に北九州市を拠点とする東陶機器の行橋工場が設立された（現TOTOハイリビング）。さらに、一九七五年に隣接する苅田町に日産自動車九州工場、一九八一年にローム福岡の行橋工場も設立され、行橋市の工業化が進んだ。

東陶機器の行橋工場は洗面化粧台の生産、ローム福岡は半導体や電子部品の生産を行っている。洗面化粧台は、生活の化学化を推進するもので、「昭和六〇年に発売された洗髪洗面化粧台は、『朝シャン』ブームを引き起こし、洗面化粧台の機能を広げ、ひとびとのライフスタイルまで変化させることになった」（行橋市史編纂委員会 2006: 478）。

工場設立と同時に行橋市の人口は増加し、一九七九年に五つのデパートやスーパーなどが行橋市への進出や売り場拡大計画を県に申請したが、それは地元商店街の反対にあい、「『出店凍結』の処置がなされた」（行橋市史編纂委員会 2006: 453）。

行橋市でいじめ自殺が起こったのは、一九九三年五月のことである。行橋中学校二年生の松尾一樹君が首をつって自殺した。遺書は残されていなかったが、中学校で全校生徒に作文を書かせたところ、

「放課後、プールの裏で殴った」「カップラーメンを買いに使い走りさせた」などいじめに関わる記述があり、加害者の生徒たちはいじめの事実を認めた（毎日新聞一九九三年五月三〇日付）。行橋中学校は、いじめ自殺が起こったほかの地域に比べ、市の中心街にあるものの農地もいまだ残り、やはり脱中心化する風景の様相を呈している。

4　全国総合開発計画（一全総）

(3)国土計画に基づいた新産業都市などのプロジェクトによって、新たに工業団地が造成された地域について見てみよう。

一全総に基づき、一九六四年以降、全国15ヵ所に「新産業都市」、6ヵ所に「工業整備特別地域」が誕生し、重化学コンビナートが各地に出現することになる。戦時期に道半ばで終わってしまった国土計画が、一九六〇年初頭にようやく実現されていくのである。

29件のいじめ自殺が起こった地域のうち、一全総と関わる地域は4ヵ所存在する。それは福島県いわき市、静岡県富士市、岡山県鴨方町および総社市である。

いわき市のいじめ自殺事件

まず、取り上げるのは、福島県いわき市の事例である。いわき市には、かつて常磐《じょうばん》炭田があり、戦前、戦中は活況を呈していた。戦後も、一九四六年から始まったGHQ主導の「傾斜生産方式」で石炭産業は優遇措置を受けた。しかし、いわき地方の石炭産業は、一九五〇年代後半からしだいに衰退していった。一九五八年三月末〜六六年三月末に常磐炭田の炭鉱労働者の数は、約六〇%減少している。労働者の減少は当初、零細、中小炭鉱から始まり、その後大規模な炭鉱に至るまで続き、閉山を強いられる（いわき未来づくりセンター 2004: 92-94）。それが、大量の失業者を発生させることになったのである。

このような状況の下、一九六四年「常磐・郡山地区」が新産業都市の一つに指定され、市町村合併が推し進められて、一九六六年にいわき市が誕生した。新産業都市には、石油化学工業を育成する目的があり、戦前から化学工業が展開していた小名浜の臨海部が中心となっていく。石炭から石油へのエネルギー転換によってほかの地域同様、臨海部に石油コンビナートが発展していくのは必然の成り行きだった。しかしそれは、炭鉱離職者を吸収するには至らなかった。

一九七一年には、市内最大規模の常磐炭鉱磐城鉱業所が閉山し、約四七〇〇人が解雇された。炭鉱跡地周辺には、金属、電気、機械製造工場が誘致された。早くは一九六四年に分譲を開始した落合工業団地があるが、一九七二年に分譲を開始した常磐鹿島工業団地は規模が大きく、常磐炭鉱で働いていた労働者をしだいに吸収するようになった。つまり、炭鉱離職者の受け皿になったのは、新産業都市指定で発展した臨海部の重化学工業ではなく、おもに内陸部の炭鉱跡地周辺で開発された工業団地だった。

一九七一年には「いわき市総合開発計画」が策定され、翌年には工業再配置促進法が公布され、いわき市がこれに基づく「誘導地域」に指定される。また、「いわきニュータウン基本計画」が策定される。一九七一年は常磐炭鉱磐城鉱業所が閉山し、この年、いわき市の人口は最低を記録している。

これは、一九七一年がいわき市にとって大きな転換点であったことを意味している。炭鉱はいわば「過去」となり、一九六六年に誕生したいわき市は、新たな出発点に立つ。そして、小名浜地区と勿来地区で進展する重化学工業化、大学の誘致を含むいわきニュータウンの建設とそれに伴う消費社会の進展のなかで、市が新たに形成されていく。

いわき市でいじめ自殺事件が起こったのは、一九八五年九月のことである。自殺したのは、小川中学校三年生の佐藤清二君で、いじめに加わった七人の同級生が補導された。七人は、「二年ほど前から暴行、恐喝などの〝いじめ〟を続け」、「脅し取った金は、時には一万円を越えたこともあるほかトイレや廊下で暴行を加えていた」という（福島民報一九八五年一〇月二日付）。事件に関するルポルタージュも出版されており（佐瀬 1992）、これは、いじめ自殺が注目された一九八五年の代表的事件の一つである。

この事件は、同じ年に青森県野辺地町で起こった事件と性格が似ている。それは、「いじめ」が組織化されている点である。先のルポルタージュのなかで「この土地には、小学校から中学校、高校、あるいは中卒で就職した者の間に、不良仲間のピラミッドがあるのです」と指摘する「元中学校校長」の話が出てくる（佐瀬 1992: 96）。

事件は、清二君が同級生の一人から「暴行、恐喝」を受けたという物語に回収され、この同級生の保護処分が決定され、少年院に送致されたことで、決着したようにみえた。しかし、この少年は処分を不服として、抗告の手続きをとった。この申し立ては棄却されたが、抗告申し立てに関わった弁護士の若穂井透の調査から、単に二人の少年のあいだの権力関係が問題なのではなく、その背後には「不良仲間のピラミッド」があり、清二君から金銭を脅し取っていたこの少年も、ピラミッドのなかでは、ある種の「被害者」であった点が明らかになっている（若穂井 1987: 38）。

これは、一九八五年の段階で「いじめ」ということばが指し示す現象が、「非行」と呼ばれる現象と重複することを示している。非行は少年犯罪と直結しており、非行と呼ばれる行為は、学校の内部には留まらない。この事件の背景には地域の「不良仲間のピラミッド」があり、このピラミッドとの関係で事件をとらえていかないと、その本質は理解できない。しかし、マスメディアの報道はこの事件を積極的に「いじめ」として扱っていく。

たとえば「理科実験用の水酸化ナトリウムを背中にかけやけどを負わすなどのムゴイ事実も明らかになった」という報道（福島民報一九八五年一〇月三日付）は、学校内における暴力の激しさを物語る事実として、しばしば言及されている。このエピソードにおいて「理科実験用の水酸化ナトリウム」という舞台装置は、重要な意味をもつ。なぜなら、水酸化ナトリウムは「理科実験室」に保管されており、本来は授業のなかで用いられる薬品を用いたいじめは、学校のなかでしか起こりようがないことを強調するからである。

小川中学校がある小川町は元々典型的な農村部で、一九六六年にいわき市が誕生した時に、小川町もいわき市を構成する地区の一つとなった。一九七〇年の時点では、第一次産業従事者数が最も多かったが、一九七〇年代に、第二次産業従事者が第一次産業従事者を上回る。この過程のなかで、小川地区も大きく変貌する。

合併以前は小川町として相対的に自立していた小川地区は、一九六六年以降、不可避的にほかの地域、直接にはいわき市の中心となる平地区への依存度が高まる。一九七〇年代に小川地区の事業所や小売店の数は増えていない(8)。それにもかかわらず、第二次産業および第三次産業の従事者数が増加するのは、地区外に働きにいく住民の数が増えたからにほかならない。それは、労働において平地区との関わりを深めるだけではなく、消費においても、商業の中心街がある平地区への依存度が高くなることを意味する。住民全体の視線は、地区内部ではなく、外部に存在する消費空間、新たな消費文化が展開する空間に注がれるのである。

「いじめ」事件を引き起こした少年たちは、「恐喝した金は国鉄小川郷駅から平駅までの電車代やバス代、いわき市内のゲームセンターなどで遊ぶのに使っていた」という(福島民報一九八五年一〇月一二日付)。少年たちにいわき市の中心街への憧憬があり、それはほかならぬ消費社会が喚起する欲望に支えられていた。

また、自殺した少年の鞄のなかに「現金一万五千円とバイクを持ってこい」と書かれたノートが入っていたと報道されている。「バイク」は、中学を卒業して「ピラミッド」のより上位に位置する「先輩」が所有していた。このオートバイが盗まれ、壊れた状態で見つかったので、清二君をいじめていたほかの少年たちに、中学のリヤカーを使って運べという指示を出し、清二君たちが、オートバイを運ぶはめになったのである(佐瀬 1992: 114-115)。

オートバイは地域を越えて自由な移動を可能にする交通手段であり、オートバイさえあれば、小川地区を出ていわき市の中心街に行くことができる。この意味で、小川地区で「不良」と呼ばれている少年たちにとって、オートバイは最も重要な「富」であり、象徴財なのである。ここでいう象徴財とは、それを所有することによって、権威を帯びるような財である。このことは小川地区の変容を物語っている。

小川中学校の周辺部には川が流れ、現在も農村特有の風景を留めている。しかしそれは、一九七〇年代から地区住民にとって、生活の中心的な場所ではなくなっていく。生活は外部の消費空間、ターミナル駅であるJRいわき駅（一九八五年当時は平駅）を中心とした繁華街に移っていくのである。小川地区からオートバイで移動すると、風景がしだいに変容していく過程を体感できる。農村の風景を色濃く残している小川地区から、いわき駅に近づく道のりで、郊外住宅が増えていくのがわかる。それは化学化された住宅群であり、外部から転入してきたひとびとが多く住んでいる。この「郊外」を過ぎると、いわき市の中心点であるいわき駅に到着する。

異なる三つの地域において、脱中心化する風景に最も近いのは、小川地区といわき駅周辺のあいだに位置する地域である。これに対して、小川地区は自然素材が多く使われている地域で、瓦葺きの日本家屋が建ち並んでいる。これは結城市や富津市の事例と似ている。いじめ自殺が起こった中学校区は、相対的に農村の景観を留めているが、市内のほかの地域では、工業開発が進んでいる。

ただ、実は小川地区は、単なる農村地域だったわけではない。いわき市誕生以前の一九六〇年代前半には、食品、木材・木製品、ゴム製品の製造業が発展し、「地域立脚の軽工業」として注目されていた（いわき市史編さん委員会 1994: 342-343）。ほかの町村部に比べ、地場産業が順調に発展していたのである。しかしそれは、小川町がいわき市と合併した後、一九七〇年代に衰退していく。一方でいわき市成立以後、小川地区と炭鉱が閉山した同じ農村部の好間村のあいだには、一九七六年にいわき好間工業団地が事業認可を取得し、人口は急激に増加した。

城島町・三潴町のいじめ自殺事件

ここで、いわき市以外で一全総と関わりがあった地域を取り上げる前に、福岡県の城島町および三潴町について、触れておこう。この地域も、小川地区とやや似たような特徴をもつからである。城島町と三潴町は隣接する同一地域で、現在は久留米市の一部となっている。一九〇八（明治四一）年、久留米市に陸軍第一八師団が設置されて以来敗戦まで、城島、三潴は軍都の周辺に位置する農村だった。戦前から地場産業も発達して酒造業が盛んであり、城島ではほかに和傘、瓦などの生産も行っている。

一方で、筑後川を渡し船で渡る必要があった飛び地の浮島まで、青木中津大橋が開通するなど、交通網が発達したことも手伝い、城島町は一九八〇年代後半から積極的な近代化政策を進める。一九八八年に第二次総合開発計画を策定し、企業誘致や住宅地の分譲を推進していくのである。一九九一年には城島リバーサイドゴルフ場がオープンし、九州松下電器の誘致が決まった。積極的な開発政策が、急速にまちを変えていったのである。

一九九〇年代前半には、バブル経済の影響もあったのか、「町村合併四〇周年記念トーク城島らしさとは」と題された、二十代から三十代の男女五名による座談会では、まちを消費社会化してほしいとの意見が出ている。座談会では、「町に必要なもの」として「コンビニ」が挙げられている。

「以前、私の友達が夜に久留米から車で遊びに来たんです。町のメインストリートを通って来て、『コンビニくらいあるのかと思ったら街灯もなく、道は真っ暗。電話もなくてどうしようかと思った』って言われました」

「文化施設もほしいという意見もありますが、図書館とかコンサートホールというのはその人の趣味によるものでしょう。でも、コンビニは誰もが利用できるものなのでほしいですね。若い人たちにもこの町にはマクドナルドやコンビニがないから田舎、という発想があるそうです」

といった発言が続く。「コンビニの明かりは暗い夜道の照明にもな」るとも指摘され、あたかもコンビニが第二の文明開化であるような議論が展開されている（城島町 1995: 28-29）。

しかし、この座談会が行われた一九九五年の翌年から城島町と三潴町で相次いでいじめ自殺が起こる。まず、一九九六年一月に、城島中学校三年生の大沢秀猛君が首つり自殺をした。遺書には「スーパーファミコン」や「三十万円ぐらいとられている。またお金を要求された。しかしそのお金がないので死にます」と書かれていた（産經新聞一九九六年一月二四日付）。大沢君が自殺する二年前ほどに、死を選んだ大河内君の遺書と酷似した内容である。

また一九九七年五月には、三潴中学校三年生の男子が首をつり、近くの病院に搬送されたが、亡くなった。少年のズボンのポケットからは、「同級生らに使い走りをさせられ苦しい」という遺書が見つかっている（産經新聞一九九七年五月二六日付）。

農業や地場産業が相対的に衰退する一方で、コンビニのような消費文化が地域に入り込んでいる。そこでは、まさに現象学的地理学でいう「場所のセンス」(9)が失われた状況が現出していたのである。

富士市のいじめ自殺事件

いわき市のほかに、一全総と関わりがあった地域は、静岡県富士市、岡山県鴨方町（現浅口市）および総社市である。これらの地域も、いわき市で得られた知見によって理解することができる。まず、富士市の場合を見てみよう。

富士市には、戦前から本州製紙富士工場と東芝富士工場があった。本州製紙は、戦前には日本の洋紙生産の85％を占めており、一九四九年に三社に分割された。また、東芝は一九三九（昭和一四）年に東京芝浦電気として設立され、事実上は軍需会社となる。富士工場は一九四三年に設置され、陸軍の電波兵器などを生産していた（富士市史編纂委員会 1966: 889）。しかし、戦後の富士市における開発を考えるうえで欠かせないのは、一九五七年から本格化する、田子浦への旭化成誘致計画である。

旭化成は、戦前の日本窒素化学工業が二社に分割された会社の一つで、もう一つは、熊本県水俣工場を中心とする新日本窒素肥料、通称チッソである。戦後、旭化成は合成繊維の開発を行い、新たな合成繊維製品（カシミロン）を生産する工場の建設地を探していた。静岡県と富士市は新たに田子浦港を建設する計画を立て、積極的に誘致を進めた。その結果、一九五九年に旭化成富士工場が操業を開始した。

こうして、すでに工業化を進めていた富士市は、東駿河湾工業地域の一部として一九六四年に工業整備特別地域に指定された(10)。その結果、一九六六年に富士市は吉原市、鷹岡町と合併する。

そもそも富士市は、富士町と田子浦村、岩松村から成っており、そのなかでも田子浦村の人口が最も多かった。しかし、富士町に富士駅や王子製紙の工場ができるにしたがって、戦前、すでに富士町の人口は急増していた。旭化成の誘致は、田子浦村にとっては、富士市内部における地域間格差を埋めようとする試みでもあった。その結果、新たな雇用が生まれたことはたしかだが、一九六〇年の時点で、管理職はすべて外部から来た社員が就き，地元採用のほとんどは工員だった。

旭化成は富士市の工業生産額を上昇させるうえで、大きな貢献を果たした。それは、一九六〇年代の日本において、重化学工業が中心となった事実を端的に示す。富士市では、軽工業と重化学工業の従業員数と出荷数を比較すると、一九六一年に重化学工業が優位に立つ（富士市史編纂委員会 1966: 1015-1016）。これは、化学化が進んでいることを意味する。

旭化成の工場誘致は、言うまでもなく、富士市の風景そのものを変容させていく。工場や田子浦港の建設による変化だけではなく、新たに外部から流入してくるひとびと向けの住宅地建設も進む。それだけではない。風景は環境汚染によって激変した。田子浦港は、一九六九〜七〇年に、ヘドロによって著しく汚染されたからである。その原因は旭化成ではなく、製紙工場の排出物が堆積したもので、有害物質のＰＣＢ（ポリ塩化ビフェニール）が含まれていたことが問題化した。

富士市の中学校でいじめ自殺が起こったのは、一九八五年一月のことである。富士中学校二年生の佐野森也君が列車に飛び込み、自殺した。静岡新聞によれば、「最近学校の上級生から『金を持ってこい』と言われ悩んでいたという」（静岡新聞一九八五年一月一七日付夕刊）。富士中学の学区は、製紙工場が聳えたつ富士駅の周辺部を含む。この一帯は、工場と農地、新興住宅地、旧商店街、ロードサイド店舗などが存在しており、典型的な脱中心化する風景を呈する地域である(11)。富士市の事例においても、軍需産業や田子浦の開発の中心地域ではなく、その対象から外れた周辺部を学区に含む中学校でいじめ自殺が起こった。富士市もいじめ自殺を生む地域の特徴を、すべて兼ね備えていた。

鴨方町のいじめ自殺事件

岡山県鴨方町（現浅口市）および総社市は、新産業都市に指定された「岡山県南広域都市」と関わりがある。これはそもそも、三菱重工業が戦時期に新たな航空機工場を設置するために策定された、臨海工業地帯開発計画に端を発する（倉敷市史研究会 2005: 295）。戦時期から計画されていた開発が、ようやく新産業都市指定によって実現し、水島工業地帯が誕生したのである。その中心は倉敷市で、鴨方町と総社市は、水島工業地帯で働くひとびとの住宅地として急速に発展する。

農村部だった鴨方町では、一九七五年から、それまで減少の一途をたどっていた人口が増加に転じる（岡山大学社会科教室内地域研究会 1987: 153）。それは、果樹園があったなだらかな丘陵を切り開いて、住宅団地を造成したからである。鴨方町では、一九七〇年の泉団地造成（入居開始は一九七一年）を皮切りに、相次いで住宅団地が造成された。そのなかでも、最も規模の大きい三つの団地（駅前、緑ヶ丘、鳩ヶ丘）は、町が誘致して造成されたものである。鴨方町は、水島工業地帯と福山工業地帯の二つの工業地域から近く、通勤圏としての利便性が高かったのである。

鴨方中学校の周辺には、脱中心化する風景が拡がっている。木造家屋とプレハブ住宅、農地と工場が混在する風景がある。それは、かつて浅口郡最大の池だった天草池が一部を残し、山陽新幹線付設のトンネル工事の排土で埋め立てられ、そこに天草総合公園が建設されたためである。着工は一九七四年、翌年に公園運動場が完成した。総合公園の規模は、三度にわたる埋立工事で拡大し、武道館（一九八二年完成）、図書館（一九八三年完成）、ふるさとかもがたプラザ（一九八九年完成）などが建設された。

鴨方町でいじめ自殺事件が起こったのは、一九八九年一〇月のことで、鴨方中学校三年生北村英士君が学校内で首つり自殺した。少年は三日間にわたり、暴行や金銭の強要を受けており、「ふくろだたきにあいそうだ」などのメモが、少年の部屋から見つかったという（朝日新聞一九九一年三月二五日付大阪本社版夕刊）。

総社市のいじめ自殺事件

新産業都市の一角でいじめ自殺が起こったもう一つの地域は、総社市である。ここは鴨方町に比べ、一九五一年には大日本紡績が進出するなど、早くから工業が根づいている。一九六六年には、新産業都市の中核企業である三菱自動車工業水島製作所の下請け関連企業の工業団地が、操業を開始した。また、一九六八年にはカルピス岡山工場が設立された。その後、一九九〇年には、「テクノパーク総社」が誕生した。一方で、住宅団地の開発も進んだ。一九七七年には、岡山県開発公社が泉団地の分譲を開始した。同時に大型商業施設の出店も相次ぎ、一九七四年にテンマヤハッピータウン総社駅前店、一九七八年にリブ総社、一九八四年には総社中鉄SCが開店している。ただし、一九八六年の総社市による「消費者購買動向調査」によれば、「呉服、洋服、贈答品」に関しては、岡山や倉敷に買いに行くという回答が多い（総社市 1989: 64）。また、デパートの利用が４％増加しており、百貨店のある岡山市の方に消費者の意識が向いていることがわかる。

総社駅を中心にして、工場はその西側にあり、駅周辺には大型商業施設や新市街地がある。駅東側の総社宮の周辺に、戦前からの商店街、市役所等の官庁が位置する。総社市が一九八九年に作成した報告書は、中心市街地の土地利用の問題点をいくつか挙げている。そのなかに、「区画整理事業等による都市基盤整備が完了した地区でも、遊休地、農地が目立ち、土地の合理的かつ健全な高度利用がなされていない」「住宅、店舗、業務等が混在し、機能分化がなされていない」の二つがある（総社市 1989: 141）。これは、この地域に脱中心化する風景が存在することの表れである。

総社市でいじめ自殺が起こったのは、一九九四年五月のことである。総社東中学校三年生の菅野明雄君が、八幡宮の山中で作業用ロープで首をつって死んでいたのを明雄君の父が発見した（朝日新聞一九九四年五月三一日付）。総社東中学の校区は、駅周辺や工業団地を含まない。その東に位置する商店街や市役所周辺、北部の泉ニュータウン、そして、市の東部に広がる農業地域が校区である。

総社市教育委員会の報告によれば、いじめは明雄君が一年生の時から始まっていた。最初は、部活動における暴力、使い走りなどから始まり、自転車を壊され、しだいに金銭を強要されるようになる。二年生になると、明雄君は家から金銭を持ち出すようになる。母親がこのことに気づいて学校に相談する。しかし、中学三年生の五月に明雄君はみずから命を絶つことになる。

鴨方町と総社市は、工業地帯の形成とともに開発された住宅建設によって、計画の影響を強く受けた地域である。やはりいずれも、いじめ自殺が起こった地域の特徴を兼ね備えている。

5　二全総から三全総へ

全国総合開発計画は、同一の開発思想に基づき、一九六二年の一全総から一九九八年に始まる「新しい全国総合開発計画　二一世紀の国土のグランドデザイン」（事実上の「五全総」）まで継続されている。

一九六九年の「新全国総合開発計画」（二全総）は、交通通信網を整備し、日本全体を工業化しようとする計画で、田中角栄の「日本列島改造論」につながるものであった。下河辺淳（［1994］2000）によれば、二全総と日本列島改造論の源流は、「都市政策大綱」であるという(12)。これは、田中角栄が自民党の都市政策調査会長の時にまとめたもので、一九六八年五月に討議決定された自民党初の国土開発政策である。「大綱」の前文に、「日本列島」の「改造」、あるいは「国土改造」ということばが出ており、これがのちに日本列島改造論につながったのである。実際に「大綱」を執筆したのは、田中の秘書だった早坂茂三と麓邦明である（下河辺［1994］2000: 105）。

二全総は、計画実施後二年で、計画策定局だった経済企画庁（一九七四年以降は国土庁）によって「総点検作業」が行われ、地価高騰から地方都市の没個性化、環境問題に至るまで、二全総が生み出したさまざまな問題点が指摘された。

そこで一九七七年、二全総の反省の下に策定されたのが、第三次全国総合開発計画（三全総）である。「田園都市国家構想」を掲げた大平正芳内閣が推進した三全総は、二全総とは異なり、最重要課題を環境問題におく。つまり、一見、開発主義からの大きな転換を意味しているように見える。計画の中核にある「定住圏構想」は、その名が示すように、地域間の移動を目的とする二全総とは異なり、定住を促進しようとするものである。しかし実際には、一九八三年にいわゆるテクノポリス法が制定され、一九八九年までに二六ヵ所がテクノポリスに指定された。三全総においても、新産業都市を指定した一全総以来の工業化政策が継続したのである。

宇都宮市のいじめ自殺事件

29件のいじめ自殺事件が起こった市町村で、テクノポリスに指定されたのは、栃木県宇都宮市と静岡県浜松市である。

一九〇八年に陸軍第十四師団がおかれた宇都宮市は、敗戦時まで軍都だった。一九四一（昭和一六）年には、陸軍宇都宮飛行場が完成した(13)。この飛行場跡に、一九七〇年から首都圏整備法に基づき、清原工業団地が造成された。一九七三年九月から始められた造成工事は一九七六年三月に終了、その二年前に分譲が開始され、一九八八年にようやく完了した。進出企業の操業開始時期を見ると、最も早いのは一九七七年三月の日本専売公社（現ＪＴ）で、同じ年にキヤノンほか三社が操業を開始した。しかし、その後は一九八〇年に宇都宮化工が操業を始めただけで、企業の進出は思わしくなかった。

清原工業団地はいまでは「我が国の内陸型工業団地としては最大の面積（388ヘクタール）を有して」おり、「宇都宮テクノポリスの中心的工業団地」となっている（清原五〇年史編纂委員会 2003: 320）。三全総以前から造成、分譲が行われていたが、一九八四年にテクノポリスに指定されることによって、新たな位置づけがなされ、進出企業が増大していったのである。一九八四〜二〇〇二年に操業を開始したのは、三〇社に上る（清原五〇年史編纂委員会 2003: 322-324）。

宇都宮市でいじめ自殺が起こったのは、二〇〇〇年五月のことである。自殺者が出た横川中学校は、清原工業団地の西部に位置し、市の中心部からは離れている。農地が残っているが、ロードサイド店舗も林立する、脱中心化する風景の典型である。

自殺したのは三年生の男子生徒で、「男子生徒は学校内で四人の同級生と付き合いがあったが、そのリーダー格の生徒から数千円単位で現金を要求されていたという。また自殺する二、三日前から四人に無視されたり、顔にあざができるほど殴られたほか、七五〇〇円の香水を買ってくるよう強要され」たという(毎日新聞二〇〇〇年五月一七日付)。

浜松市のいじめ自殺事件

浜松市も、宇都宮市同様、戦前は軍隊が集中している地域だった。一九二五(大正一四)年までは歩兵第六連隊が駐屯していたが、それが解隊され、一九二六年に陸軍飛行第七連隊がおかれた。連隊開設の当日は、最新鋭の爆撃機を一目見ようと、浜松飛行場に一万五千人が集まり、大変な人だかりだったという(矢田 1986: 14)。一九三六(昭和一一)年には、浜松陸軍飛行学校に科学班が生まれ、航空化学戦の教育が行われるようになる。以来、浜松市は軍事的な拠点となり、さまざまな軍関連施設が設置される。一九四五年五月以降は、本土決戦に備えて、市内の至るところに陸軍部隊が配備される。その結果、六月一八日には「浜松大空襲」と呼ばれる大空襲を受けることになる。

浜松市と軍との関わりは、飛行連隊の設置に留まらない。元々ピアノなどの楽器を製造していた日本楽器(現ヤマハ)は、一九二一(大正一〇)年から陸軍の指示に従って、プロペラ製造を開始している。この時期から戦時にかけて、日本楽器は楽器からプロペラに生産の中心を移していくのである(矢田 1986: 21-26)。

戦後、浜松市は「繊維、楽器、オートバイ」の三大産業によって復興を遂げる。特にオートバイ産業が世界に知られていることは、いまさら指摘するまでもあるまい。三大産業は、一九八〇年代まで浜松市の産業を支え、特に一九八〇年代には、三大産業の製造品が輸出され、製造品出荷額や付加価値額も増大した。このため労働力が不足し、これを解消するため、市外から相当数の人口が流入した（浜松市商工部商工課 1983: 1）。また、三全総に基づき、一九八四年にはテクノポリス地域に指定され、都田地区にテクノパークが造成されることになった。それは、最先端の技術開発を目的としたもので、一九八八年から建設が始まった。

浜松市で、いじめ自殺は二回起こっている。そのうち、一九九五年二月に浜松市東部の東部中学校で起こった事件が、直接金銭と関わっている。それは、同中学校二年生の男子生徒が飛び降り自殺した事件で、「『プロレスごっこ』で暴力を加えられていたほか、金品も要求されていた。使い走りをやらされたり、髪を染められ、耳にピアスの穴を開けられていたという」（中日新聞一九九五年二月七日付）。東部中学校の校区は、天竜川に接する浜松市東部に位置している。元来は農村部で、戦前に軍事施設、戦後は工業開発が進んだ市西部とは異なっている。戦時期、本土決戦に備えて、陸軍が駐屯していたと推定されるが、浜松市内における一連の空間再編成において、つねに周縁的な位置におかれていた。

その結果、東部中学校の周辺は、脱中心化する風景が現出している。異なる空間記号が並存し、その風景には、ほとんど統一性がない。農地の脇に工場があるような風景が、そこにある（地図④）。校区内の神社の境内には、「へんなおじさんを見たら」という奇妙な掲示板がある。「見たら」という仮定で掲示板の文が終わっており、見たらどうするべきなのかについて、明確な指示はない。ただ、「芳川ブロック地域安全推進員　東部中学校区青少年健全育成会　浜松東警察署」と書かれているので、ここに通報すべきだという意図が婉曲的に表現されているのであろう。この奇妙な掲示板自体が、地域の存在論的不安を示しているようにみえる。

6　周縁の空間

袋小路――空白の場所

本章で取り上げた地域に共通するのは、一方向にのみ、外部に開かれた出入口がある、袋小路のような場所だという点である。地理的な特徴から見ても、三方が海と川あるいは山に囲まれている地域が多い。前方から何らかの敵に追い込まれたら、海や川に飛び込む以外、逃げ場がない。また、県境や市境のような行政上の境界に接している地域が多い。つまり、地理的にも政治的にも、中心ではなく、周縁に位置する場所なのである。

これは、ターミナルとはまったく対極的な場所である。ターミナルは、ヒトだけではなく、モノも同時に行き来する流動的な場所である。それは、徹底して安全性が追求された疑似ユートピア的空間である(14)。これに対して、脱中心化する風景では、外部の監視から逃れることができるような空白の場所が生まれやすい。そもそも「へんなおじさんを見たら」のような掲示板自体、監視の目が届かず、あたかも現代の案山子のように、さほど意味があるとはいえない苦肉の策にすぎないと考えられる。

掲示板が危惧しているように、「へんなおじさん」が地域外から現われるかどうかはわからない。ただ、こうした地域の内部で、そして特に中学生のあいだで、暴力が行使される可能性は否定できない。なぜなら、空白の場所において、いじめが生じるからである。そこでは社会性が停止した状態が生じ、こどもたちだけに通用する独自の規則によって、関係が支配される。いじめる側は外部から観察されずに、自由にいじめることが可能になるのである。

いじめ自殺事件が起こった地域の特徴

ここで、いままで得られた知見をもとに、29件のいじめ自殺事件が起こった地域の特徴をまとめておこう（表3）。

(1) 旧軍用地の開拓、工業開発、住宅開発のような一連の開発中心地域の周辺部に位置する。

(2) 開発の影響が最後まで行き届かなかった地域であり、したがって、農地が最後まで残存する。

いじめ自殺が起こった中学校区は、ほとんどの場合、直接工業開発の対象になっていない。したがって、開発直後、すぐにその影響が及んだわけではない。第1章で触れた野辺地町も、開発が十分に行われなかった典型的な事例である。野辺地町は二全総（もしくは「新全総」）の中核的なプロジェクトの一つだった「むつ小川原開発」との関連で、急速に人口が増加した(15)。しかし、問題はこの計画が頓挫してしまったことである。そもそも工業地域の主たる予定地は野辺地町ではなく、隣接する六ヶ所村が中心であり、しかも開発計画自体が途中で中断してしまったのである。

二全総の反省の下に、一九七七年に策定された三全総においても、むつ小川原開発に関する計画は継続された。「石油備蓄基地」を整備し（国土庁 1977: 60）、「大規模工業団地」を建設する（国土庁 1977: 92）ことが明記されていた。しかし実際には、この計画はその後も進まなかった。一九八四年、工業地帯予定地に「核燃料サイクル基地」を設置する方針が、電気事業連合会によって発表された。いじめ自殺が起こったのはその翌年である。

(3) いじめ自殺が起こった地域の周辺には、脱中心化する風景が存在する。自殺者が出た中学校の校区自体が、脱中心化する風景を現出させていることが多い。

(1)(2)の地域は、脱中心化する風景を構成しやすい。なぜなら、開発が十分には行われず、開発された部分とそうでない部分が一つの地域のなかに存在するからである。もちろんいわき市小川地区のように、風景自体は農村部の様相を色濃く留める中学校区も存在する。しかし、隣接する地区には異なる空間記号が混在する場所が必ず存在する。いじめ自殺事件そのものが示すのは、脱中心化する風景が客観的に存在するかどうかではなく、主体としての住民が風景をいかにとらえているかという点である。主体が脱中心化する風景を経験しているかどうかが問題なのである。小川地区の住民にとって、中心はいわき駅周辺に広がる消費空間である。中心に移動するまでの道のりで、脱中心化する風景は知覚される。特に消費空間に強い関心を寄せる者ほど、脱中心化する風景を経験することになる。これは、次のことを意味する。

(4) 地域内の中心が消滅し、地域の外部に中心が移動する。中心は、外部の消費空間を構成する。

(5) 外部の消費空間の中心に価値をおく者ほど、みずからが居住する地域に対する不満感が強くなる。

いじめを生み出す集団は、特に地域の中心が消滅していることを強く感じているのである。

現象学的地理学の領域では、「場所のセンス」ということばが使われる。それは、「個人および共同社会の一員として内側にいて自分自身の場所に所属すること、そしてこのことを特に考えること

表3　いじめ自殺事件と地域開発

都道府県	市町村	いじめ自殺年	開発開始年度	開発（計画名，誘致企業など）
大阪府	高石市	1980	1970	堺・泉北臨海工業地帯石油コンビナート
静岡県	富士市	1985	1964	工業整備特別地域指定（一全総，旭化成など）
福島県	いわき市	1985	1971	いわきニュータウン基本計画など（いわき市総合開発計画，一全総，工業再配置促進誘導地域）
東京都	大田区	1985	1973	穴守稲荷駅前集合住宅建設（工場移転跡地開発）
青森県	野辺地町	1985	1971	むつ小川原開発（二全総）
茨城県	阿見町	1986	1978	福田工業団地造成計画（阿見町第三次総合計画）
岡山県	鴨方町（浅口市）	1989	1971	泉団地入居（一全総，新産業都市指定，岡山県南広域都市計画）
千葉県	富津市	1989	1978	埋立地造成事業（千葉県富津地区土地造成計画）
福岡県	福岡市東区	1989	1974	食品工業団地造成（農林省食品工業団地形成促進要綱）
東京都	町田市	1991	1968	つくし野住宅分譲（多摩田園都市計画，東急）
福岡県	行橋市	1993	1971	企業進出（東陶機器，ローム福岡ほか）
岡山県	総社市	1994	1977	泉団地分譲（一全総，新産業都市指定，岡山県南広域都市計画）
東京都	江戸川区	1994	1970	高層集合住宅建設（都営住宅）
鹿児島県	出水市	1994	1984	松尾工業団地造成完了
愛知県	西尾市	1994	1980	つくしが丘団地分譲
静岡県	浜松市	1995	1984	テクノポリス指定（三全総）
鹿児島県	鹿児島市	1995	1970	玉里団地造成（鹿児島開発事業団）
新潟県	上越市	1995	1985	上越テクノセンター操業
埼玉県	行田市	1996	1983	稲荷山古墳から鉄剣出土（国宝指定，観光化）
福岡県	城島町（久留米市）	1996	1988	企業誘致，ゴルフ場建設（城島町第二次総合開発計画，九州松下電器など）
鹿児島県	知覧町（南九州市）	1996	1981	武家屋敷群，知覧特攻平和会館建設など（第二次知覧町総合振興計画，観光化）
福岡県	三潴町（久留米市）	1997	1988	城島町と同
北海道	旭川市	1997	1983	人口・工業生産停滞（観光化へ傾斜）
千葉県	成田市	1998	1978	新東京国際空港（成田空港）開港
新潟県	朝日村（村上市）	1998	1986	朝日みどりの里開設（観光化）
千葉県	八千代市	1999	1987	ゆりのき台団地分譲（東葉高速鉄道敷設）
茨城県	結城市	2000	1981	伝統産業都市指定（観光化，結城紬），結城第一工業団地
栃木県	宇都宮市	2000	1984	テクノポリス指定，清原工業団地へ企業進出（三全総）
埼玉県	本庄市	2006	1993	本庄地方拠点都市地域指定（地方拠点都市法）

なしに知っているという感覚」である（Relph 1975=1999: 165）。場所のセンスを欠くと、個人の「アイデンティティ」は揺らいでしまう、と現象学的地理学は主張する。いじめを生み出す集団の成員は、こうしたアイデンティティの揺らぎを体感している。

注

（1）星野は、「生産力拡充ノ進展に伴フ無統制ナル工場ノ増設ハ都市ニ付キテハ過度ノ人口集中トナリ、都市ト農村トノ人口構成ニ異常ナル変化ヲ来サシメ」るという（西水 1975: 22）。

（2）第3章七四頁を参照。

（3）校区に開発された地域がある高石市の場合も、工業地帯は、埋立地に新たに作られたもので、元々の生活の場所が開発されたわけではない。

（4）第2章四五頁。

（5）首都圏整備法は第二十五条で「国土交通大臣は、既成市街地への産業及び人口の集中傾向を緩和し、首都圏の地域内の産業及び人口の適正な配置を図るため必要があると認めるときは、既成市街地及び近郊整備地帯以外の首都圏の地域のうち、工業都市、住居都市その他の都市として発展させることを適当とする区域を都市開発区域として指定することができる」と謳っている。

（6）二〇〇七年一一月一七日に調査。

（7）第3章八八―九〇頁。

（8）事業所数（工業）は一九七二年に27、八二年には18、小売店数（商業）は一九七四年に１０８、八五年に90であった。

（9）第4章一四〇頁参照。
（10）一全総では、「開発地域」を「新産業都市」にしており、すでに工業化が進んでいた東駿河湾工業地域はこれには相当しないと判断されたため、もう一つのカテゴリーである工業整備特別地域となったのである。ちなみに、工業整備特別地域に法制上の優遇措置は規定されていない。
（11）これらの地域は、戦時期に富士飛行場が建設された地域や、東芝の工場がある地域、そして旭化成の工場がある田子浦からは相対的に離れている（これらの地域は、中学の学区外である）。
（12）第5章一四五―一四六頁。
（13）総務省一般戦災ホームページ（http://www.soumu.go.jp/main_sosiki/daijinkanbou/sensai/）
（14）第1章二一―二二頁参照。
（15）第1章一〇―一一三頁。

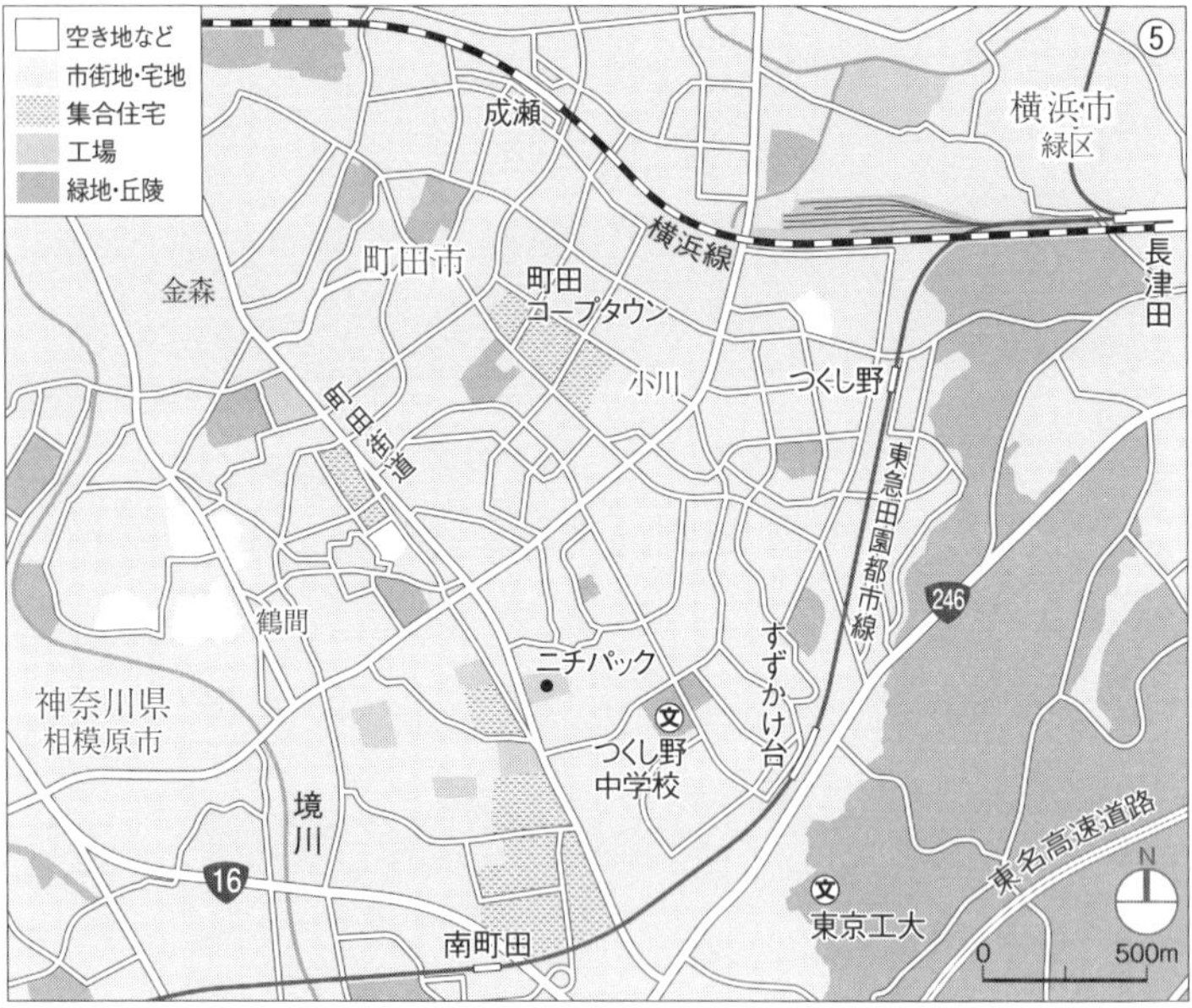
空き地など
市街地・宅地
集合住宅
工場
緑地・丘陵
⑤
成瀬
横浜市
緑区
横浜線
長津田
町田市
金森
町田
コープタウン
小川
つくし野
町田街道
東急田園都市線
246
鶴間
すずかけ台
ニチパック
神奈川県
相模原市
つくし野
中学校
境川
16
東名高速道路
東京工大
南町田
N
0
500m

第5章　「田園」と「都市」

1　田園都市

都市の肥大化と農村の疲弊に対する危機意識は、戦前から存在し、戦時期の国土計画においても、この危機意識が表出していたことは、すでに見た通りである。こうした危機意識は、都市における工業開発が進むと必ず生じており、資本主義がいち早く確立したイギリスでは、一九世紀から強く認識されていた。そして、さまざまな対応策が考えられたなかで、特に日本にも影響を与えたのが、イギリス人エベネザー・ハワードが展開した田園都市の構想である(1)。

ハワードによれば、田園都市とは、「きわめて精力的で活動的な都市生活のあらゆる利点と、農村のすべての美しさと楽しさが完全に融合し」た都市であり、一言でいえば、農村と都市が「結婚」した空間である。田園都市の土地はすべて公的所有、もしくはそれに準ずる形態であり、借地人から徴収する地代は、コミュニティの公益のために利用される。田園都市に住民が移り住み、人口が増加すれば、地価が上がり、地代収入が増えるはずである。この増収によって、都市環境の整備を行うのが、ハワードの着想だった。田園都市を実現するための歳入は、すべて地代から賄われるしくみである（Howard 1965=2007: 99）。

ハワードは、農村への郷愁と都市的消費の結合を可能にするような具体策を考えていた。それが、「水晶宮」とハワードが呼ぶガラス張りのアーケード設置のアイディアである。水晶宮では、「製造された商品が陳列されていて、よく考え選択する必要のある買い物は個々で行われる」（Howard 1965=2007: 91）。また、水晶宮は中央公園に隣接し、住民の「憩いの場」となるよう想定されている。これは、まさに現代のショッピングモールを想起させる発想であり、農村と都市の結婚は、大都市の消費文化を農村に導入することをも意味するのである。

ハワードはみずからの理想を実現するために、一九〇四年、ロンドン郊外のレッチワースに実際に田園都市を開発する。しかしレッチワースの建設は、ハワードの理想通りにはなかなか進まない。田園都市開発のための第一田園都市株式会社内部における意見対立があり、会社内でハワードは孤立していったようである（西山［2002］2004: 77）。このためハワードは、一九二〇年に第二の田園都市ウェルウィンを開発する。

日本では、一九〇七（明治四〇）年に内務省官僚によってハワードの著書が訳出され、それ以来、田園都市論は、国家による都市計画や企業による開発計画を主導する重要なイデオロギーとして機能してきた。その出発点は、一九一五（大正四）年から渋沢栄一が主導して策定した「田園都市株式会社趣意書」である。そこではハワードの思想に基づき、「都会に特有する各種の弊害を緩和すると同時に、農村の復興を図らんとする」（大田区史編さん委員会 1996: 311）こと、「田園生活復興」を目的とした田園都市株式会社の設立が謳われている。田園都市株式会社は一九一八（大正七）年に設立され、一九二二（大正一一）年に荏原郡調布、玉川（現在の大田区、世田谷区）の土地分譲が始まった。

このように、戦前から都市開発が構想される時に、引き合いに出されてきた田園都市論であるが、戦後に再び脚光を浴びるのは、建設省官僚である長素連がハワードの著作の新訳『明日の田園都市』（Howard 1965=2007）を出版した一九六八年である。

この年、都市計画法が改正され、それに対応するため自民党は「都市政策大綱」を発表している(2)。長は、「戦後二十年間の生産第一主義の経済成長によって、人間が住むにふさわしい社会の建設が足ぶみさせられることになった」という大綱の冒頭部分を引用し、その解決策の一つである「近郊市街地を計画的に造成し、ニューシティを建設する」点に、大綱と田園都市構想との類似性を見ようとしている。「大綱」では、日本の「国土」全体を変えてしまおうという壮大な計画が立てられているが、その方法と理念には、二つの特徴がある。その一つは「民間エネルギーの参加」であり、「都市政策の基本方向」として、「民間デベロッパーを都市づくりに誘導するため資金、税制などの面で助成措置をとる」ことである（日本科学者会議 2003: 150）。もう一つは、「公益優先の基本理念」である。「大綱」では、この点について、次のように主張されている。

土地は国民すべてのものである。したがって、土地の利用は土地所有者の恣意にまかせることなく、公共の福祉のために、みずからの権利の一部が制約されることを認めなければならない。土地所有者の私権は万能ではない。われわれは土地利用について公共の福祉を優先させる社会通念を育てていくべきである（日本科学者会議 2003: 151）。

戦後に発達した土地の私有観念を制限しようとする試みが、「公共の福祉を優先させる」としてここに表われている。これは、第2章で分析した成田空港建設問題のように、開発を阻む運動が全国の至るところに生じたことが手伝っている。ただ、民間デベロッパーに対する優遇措置と公共の福祉という一見相反する理念が、同時に主張されている最大の理由は、開発への期待感を煽り土地の市場価値を釣り上げて、過剰な利益を上げる経済戦略の基盤が、ここに築かれつつあるからである。

第二次全国総合開発計画（二全総）の計画自体は、「大綱」ほど明確に、地上げにつながるような計画が提示されているわけではない。ただ、「土地問題」の項では、次のような記述がある。

土地問題の解決の方向は、基本的には、国土の1・2パーセントの市街地とその周辺地または東海道・山陽道沿線の地域に偏在する土地利用の現状を打開し、開発の可能性を全国土に広げ、国土を有効に利用する施策を推進することにある（経済企画庁 1969: 74）。

続けて、「公共用地の取得については、その必要性を十分関係住民に周知させ、公益優先の原則を徹底させる」として、「公益優先の原則」を強く主張している。少なくともこの原則に基づき、開発を全国的に行おうとした点は、「大綱」と共通すると確認できる。

当時の自民党の都市政策や二全総は、本来ハワードが構想していた田園都市とは似ても似つかぬものであるという批判は多々存在する。表面的に田園都市ということばを使っているだけで、ハワードの理念はまったく実現していないというのである。

それでは、長が指摘するように、自民党の政策と田園都市構想とのあいだに、共通点はあるのだろうか。それとも、両者は似て非なるものなのだろうか。

「大綱」が、二全総と日本列島改造論の知的源泉となっている点を考慮すれば、当時の自民党の政策とハワードの田園都市構想とは、まったく類縁性がないようにみえる。ハワードがめざしたのは、工業、農業、居住空間、そして都市の消費と娯楽の機能を兼ね備えた自立的コミュニティであるのに対して、日本列島改造論は、地域間をつなぐネットワークを重視しており、両者には、明らかな相違点があるからである。また、ハワードは土地の公的所有を田園都市の必要要件と考えていたのに対して、日本列島改造論は土地の商品化を促し、土地投機を招いた点も大きく異なる点である。

しかし、田園都市論と日本列島改造論には、共通の思想があることも否定できない。それは、都市と農村は異なる論理が律しており、本質的に相容れないという考え方を止揚し、両者は共存可能であるとした思想である。こうした思想の誕生は、大都市への工場と人口の集中、それによって起こる大気汚染と劣悪な生活環境に至る問題をいかに解決すべきか、また農村をいかに活性化するかという関心から生まれている。それは、ハワードが田園都市構想を打ち出した一九世紀末のイギリスの大都市や、資本主義化が進みつつあった戦前の日本の大都市が抱えていた問題であった。一九六八年当時の日本は、同様の問題を再認識せざるをえないような状況にあったのである。田園都市論と日本列島改造論は、農村と都市の結婚の可能性を模索していた点では、共通するところがある。

それでは、果たして農村と都市を結婚させることは可能なのか。仮に結婚したとして、農村と都市は良き家庭を築くことができるのであろうか。

すでに指摘したように、「田園都市」という用語は、戦前から都市開発において繰り返し使われている。田園都市について論じる者は、官僚であれ、マーケティング・リサーチャーであれ、農村と都市の結婚を理想ととらえており、それ自体を疑うことはない。二全総が批判された後、一九七七年に策定された第三次全国総合開発計画（三全総）においても、田園都市という用語が重要な意味をもち、大平正芳の「田園都市国家構想」が提唱された(3)。しかし、〈脱中心化する風景〉は、そもそも農村と都市が混在すること自体の問題を、暗に提示しているようにみえる。第一次、第二次および第三次産業を限られた空間のなかに人為的に閉じ込めること自体が、問題を孕んでいるかもしれないのである。

そこで次節では、日本における田園都市構想がいかに具体化され、またその結果、いかなる問題が現われたのかについて論じたい。

2　多摩田園都市構想

東急の開発計画

日本で、田園都市構想が初めて具体化されたのは、前節でも触れたように、渋沢栄一による「田園都市株式会社趣意書」に基づく田園調布の開発である。日本の場合、田園都市開発と鉄道建設が密接に結びついて進むのが特徴である。田園都市株式会社による田園調布の開発においても、都市開発とともに、東急電鉄(4)の前身である目黒蒲田鉄道が一九二二年に設立された。これは、五島慶太が田園都市株式会社の鉄道部門を分離して設立したもので、翌年、田園調布と都心を結ぶ目蒲線が開通した。五島はのちに田園都市株式会社も合併し、鉄道建設と土地開発を結びつける事業を推進した(片木・藤谷・角野 2000: 23)。

このように、企業が土地買収を通じて鉄道建設を行い、その周辺部を宅地化する開発は、すでに一九一〇年代から阪急電鉄(当時は箕面有馬電気軌道)によって行われていた。渋沢栄一が推進しようとした田園都市構想にも、阪急電鉄を経営していた小林一三が深く関わっていた。

五島は東急グループの総帥として、戦後もいち早く田園都市構想を推し進めようとして「多摩田園都市構想」を立ち上げた。五島は戦時期から、町田市や横浜市を田園都市建設の候補地と考えており、一九五三年、候補地の地主を招いて行った説明会で「城西南地区開発趣意書」を発表した。五島はそこでこの計画を、次のように説明している。

かつて人口膨張に悩んだロンドンでは、都市(行政体)とはまったく別個に土地会社を作りまして、この会社が都市から二〇~三〇マイル離れた郊外地にいろいろな施設を設けて第二の都市を作り、そこへ過剰人口を移植する方法を考えたのであります。このような都市政策に基づき、最初にできた田園都市レッチワースは、ロンドンの郊外二〇マイルの地点に土地四〇~五〇万坪を買収してこれを分譲地とし、ガス、水道、電気等あらゆる文化施設を施し、また工場をも誘致して文化生活のできるようにしたのであります（東京急行電鉄株式会社田園事業部 1988: 17-18）。

この説明から、五島がハワードの田園都市をモデルに都市開発を行おうとしていたことがわかる。しかし、ハワードの田園都市構想では、土地は公有にするべきだとされており、実際にレッチワースにおいても、当初は土地の分譲を行っていない。つまり五島の多摩田園都市構想は、ハワードのそれとは大きく異なっている。

実際に五島が考えていたのは、鉄道と道路を開通し、その周辺に住宅地を建設するという都市開発計画にすぎなかった。そこに農村と都市の結婚という発想は皆無で、田園都市というよりは、郊外における住宅開発を意味する田園郊外と呼ぶ方が適切であろう(5)。

城西南地区開発計画を多摩川西南新都市計画と改称して推し進めるために、東京急行電鉄は、満州開拓や、戦後の復興院に関与していた旧内務省官僚を顧問や社員として雇用した。その一人近藤謙三郎は、満州開発や鴨緑江河口の都市建設に関わった人物で、一九五三年に東急の顧問に就任した。もう一人の顧問桜井英記も内務省出身で、一九五五年に顧問に就いた。また、近藤の推薦で東急に入社した赤木幹一は、戦前、満州国交通部で大東港建設に関わった人物で、田園都市建設を主導した（東京急行電鉄株式会社田園事業部 1988: 47）。これは、東急が旧内務省官僚の協力を仰いだという点で、「産」と「官」のあいだにある種の癒着があったともいえるが、それよりは、田園都市という観点が、開発主体のいかんにかかわらず戦後の土地開発を律しており、国土計画においても、民間企業による土地開発においても、田園都市構想の可能性が試されたことが重要である。

軍事施設

東急が買収する土地として目をつけたのが、旧軍用地である。田園都市構想において、開発の対象となった地域は七つの地区に分かれるが、軍用地だったのは宮前地区（神奈川県川崎市）、山内地区、田奈地区（ともに神奈川県横浜市緑区）の三つの地区である。

最初に買収の対象となった宮前地区は、一九四〇年に陸軍の演習場に指定され、一九四三年から東部六二部隊が駐屯していた。戦後、旧軍属に土地が払い下げられたが、旧軍人の多くは農業に不慣れなため離農者が相次いだ。そこで、旧軍用地（およそ3・3平方キロメートル）が買収の対象になったのである。

一九三八（昭和一三）年を境として新たな戦争準備のために、軍は宮前地区に限らず、積極的に東京近郊に軍事施設の新たな建設を試みた。そのための土地買収の典型例の一つが、神奈川県相模原市である。神奈川県は、一九三九年に相模原地域において「軍都建設事業実施にふみきる方針を固めた」（相模原市 1971: 609）。軍都建設計画は、神奈川県都市計画課長だった野坂相如の主導により進められ、そのための区画整理事業がすぐに開始された。相模原地域とその周辺では、この時期から軍関連施設の建設が急速に進んでいった。

田奈地区に創設された「田奈部隊」は、その一例である。横浜市『緑区史』には、土地買収の経緯が次のように記述されている。

日中戦争の頃から、地図を持った見知らぬ男が谷戸の奥まで入り、「この辺は乾田だね」、「反当り何俵穫れるの」、「炭も焼くのか」など話しかけられたと、村人のあいだに不気味な噂が拡がって行った。昭和一四年（一九三九）一〇月、当時では珍しかった自動車で、二人の紳士が農家を訪れて、庭に実った柿の話から雑談し、帰る時に自分は近衛師団経理部の者だと名乗った。翌月にその地域一帯の山林田畑の所有者、地権者全員が奈良小学校（現在校ではない）に集められ、出席の経理部員から「この地域一帯は軍が必要だから買い上げたい。住民は明年五月末日までに立ち退くこと」と告げられた（緑区史編集委員会 1993: 733）。

買収の結果、創設された田奈部隊は三三ヵ所の半洞窟式弾薬庫を作り、そこにさまざまな種類の火薬が貯蔵された。田奈に陸軍兵器廠が設置されたのである。それは二年後のアメリカ、イギリスに対する宣戦布告を予期したのだろう。兵器廠は、終戦間近には三千人もの従業員を抱えていた。

敗戦の年である一九四五年一月二〇日に、陸軍大本営は「本土決戦作戦大綱」を決定し、米軍の本土上陸に備えるため、軍事施設の拡張はさらに進んだ。大本営は、相模湾を米軍上陸地の一つと想定したため、この地域の防備を増強しようとした。町田町（現東京都町田市）には陸軍部隊が配備され、「戦車壕」を掘った。しかし、この部隊については、

満州からきた関東軍ということでしたが、武器や弾薬は持っていなかったね。身につけていたのは

牛蒡剣だけ、それも鞘がなくてぼろきれを巻いていました。食べ物もなかったんでしょうね、当番兵は毎日桑畑に入って、ドドメという桑の実を採っていました（町田市企画部企画課 1998: 147）。

という当時を知る地元民の証言がある。本土決戦の準備は、計画とは裏腹にこの地域のひとびとに、敗戦が間近であることを認識させたのである。

こうした軍部による土地買収は、戦後においてもさまざまなかたちで影響を及ぼす。相模原軍都計画に基づく区画整理事業は、「戦争の激化」（座間・神崎 1984: 253）によって一時中断していたが、一九五〇年にようやく完了した（座間・神崎 1984: 255）。

五島による土地買収も、いわば軍隊の政策をそのまま継承したかのように進んだ。一九六六年に田園都市線が開通し、地域の人口は、増加の一途をたどった。一九六六年に、4万7236人だった多摩田園都市の人口は、一九七〇年には、早くも10万3543人となっている。

3　農住都市構想と田園都市開発

つくし野の開発

このように開発された地域のなかで、景観の一部を積極的にレッチワースに似せて作られたと推測できる街区に、つくし野がある。

小川地区は現在の町田市の南に位置し、横浜市緑区に隣接する。「起伏にとんだ山林原野が48％、田畑が39％を占めて」（東京急行電鉄株式会社田園事業部 1988: 137）いたが、一九六五年に開発事業が始まり、町名は一般公募で「つくし野」に決定した。一九六八年四月に東急田園都市線つくし野駅が開業し、つくし野は多摩田園都市における「高級住宅地」として売り出される。その後、つくし野の南がすずかけ台として開発され、一九七二年にはすずかけ台駅が開業する。

つくし野には、住宅だけではなく、「駅前広場、パークロード、スポーツセンター、ショッピングセンター」が建設され、地下ケーブルの設置により、電線が地中化された。そのおかげで、現在つくし野には電柱は存在しない。日本の景観についての批判として、電線が地中化されない点がしばしば挙げられるが（松原 2002）、この意味ではつくし野は「美しい」街であるといえよう。

しかし、つくし野の開発に関しては、当初から地元民のあいだで強い批判と抵抗があった。薄井清によると、農村だった小川地区で東急などの「デベロッパーによる土地買い占め」が始まり、つくし野駅の開業を契機に「空前の土地ブームに巻き込まれ」、農家では「土地代金の奪い合いをめぐって、親子や兄弟の争いがおこ」ったという（薄井 2004: 167）。

町田市南農協は一九六九年に「財産管理指導基本計画」を作成し、小川の「乱開発」に抗するために、「農住都市構想」を推し進めた。この構想は、経済企画庁国民生活局長だった中西一郎によって初めて提言されたもので、協同組合経営研究所理事長だった一楽照雄らによって推進されていく。一楽によれば、農住都市とは「農業に利用されている土地に囲まれた住宅団地のいくつかから成り、農家と非農家との間にも交流が密に行われる地域社会」を構成する（鈴木・小野寺 1970: 11）。具体的には、地主である農家が土地を提供して農協がそこに住宅建設を行い、農家が家賃収入を得ることによって、農住都市を実現していこうという構想である。

農住都市構想は、一九六八年の都市計画法の改正によって都市化が進むことに危機意識をもった農協が、対抗策として出してきたと言ってよい。新都市計画法は、市街化区域と市街化調整区域を区分し、後者は市街化を抑制すべき区域と規定している。したがって、法律そのものは必ずしも乱開発を促すものではない。しかし、農民はすでに都市化された現状が法によって追認されるのではないかという怖れを抱き、みずからが開発主体となる可能性を模索したのである。

農林省官僚であった鈴木伸八郎と小野寺義幸は、小川地区では農住都市構想が出される以前から、農協が住宅開発のための区画整理事業に関わっていたととらえている(6)。しかし、区画整理事業を「ある不動産会社に委託した結果、会社に五〇%の土地を売却し、さらに工事費として二五%の土地を渡したため、結局農民の所有する造成後の土地は四分の一になってしまった」(鈴木・小野寺 1970: 45)という。

言うまでもなく、「ある不動産会社」とは、東急不動産である。鈴木らは、農民の手に残った土地が少ないだけではなく、明確な農業生産計画もなかった点で「問題の多い開発」であり、「今後、農業に配慮した住宅開発を進める場合、克服しなければならない問題点のほとんどすべてを示している」と指摘している(鈴木・小野寺 1970: 46)。こうした反省から、区画整理事業が終了した翌年の一九六九年、町田市南農協は、農住都市計画を作成したのであろう。

町田市南農協は不動産事業部門を設け、区画整理事業を行いながら、賃貸住宅を建設する方式を編み出した(成瀬郷土史研究会 1985: 249-251)。この方式に基づく計画が実現したのが、一九七三年に小川地区に完成した町田コープタウンである（町田市史編纂委員会 1976）。つくし野駅周辺の東急が開発した一戸建ての住宅地と、その先にある町田コープタウンや農地が残る区域が隣接することになった。町田コープタウンは賃貸の集合住宅なので、つくし野駅周辺とは住民の階層が異なる。このほかに町田市南農協は、小川地区に隣接する成瀬地区で区画整理の後、一九七六年に町田成瀬台農住団地を完成させた（田代 1991: 457-458）。

町田コープタウンをさらに駅とは反対の西方向に進むと、町工場が点在する。町田市は一九五九年に工場誘致条例を制定し、中小企業を誘致した。その結果五年後の一九六四年には、条例制定前の約三倍に当たる２１８工場、一九七一年には３７８工場と工場数が増加した。一九六五年版の『町田市商工住宅名鑑』を見ると、小川地区には石岡電機工業、沢田電機工業、水木製鋲所、町田紙業などの工場がある。また、隣接する金森、鶴間地区にも工場が点在している。

しかし、現在残るのはニチパック（旧町田紙業）だけで、小川地区一帯から工場は消えている。そもそも小川地区でいち早く開発されたのは、地区の西端を通っている町田街道沿いで、一九六〇年代には多くの工場が存在した。しかし、小川地区東部で東急による大規模住宅開発が進むと、地区西部はしだいに活気を失っていったのである（地図⑤）。

化学化された風景

小川地区では元々農地、山林だった場所に、一九六〇年代に三つの異なる開発が進んだ。一九六〇年代前半には、町田市の主導による工場誘致が行われた。次に、一九六〇年代後半から民間デベロッパーによる大規模住宅開発事業が進行した。さらにそれに対抗して農協による住宅開発が進んだ。小川地区で異なる主体による開発が同時に進んだという事実は、土地の開発を通じた階層間の闘争があったことを示している。それぞれの開発主体が対象とした顧客の階層も異なり、地域ごとに異なる階層が棲み分ける空間が作られていった。その結果生まれた風景も、つくし野の「高級住宅地」と、農地や町工場が点在する町田コープタウン付近では、対照的なものになった。

つくし野では、駅前広場から広がるメインストリートには街路樹が植えられ、その周りには一戸建ての家が立ち並ぶ。この一角の風景を構成するおもな空間記号は、三種類しかない。それは公共施設（小中学校）、つくし野の分譲住宅、そして駅前のスーパーマーケットのような商業施設である。これらの建築物はすべて住宅の分譲が始まった一九六八年以降に建設されており、合成素材が多く用いられている。したがって、風景は相対的に均質で、コンクリートとプラスチックで彩られている。

町田市のホームページでは、つくし野に関して、次のように記述されている。

一戸建ての住居が多い閑静な住宅街であり、一九八〇年代においてはＴＢＳドラマ「金曜日の妻たちへ」のロケ地となり話題をよびました。

また、つくし野駅周辺の通りは、花や木がきれいに整備され、かつ清掃も行き届いており、美しい景観を保っています。その中には、市内でも有数なさくらの名所である、「さくら通り」・「さくら並木通り」といったさくらの名称を冠した通りもあります(7)。

この記述で明らかなのは、均質な風景が「閑静な住宅街」「美しい景観」「さくらの名所」といったイメージを付与されている点である。そもそも、いかなる風景が「美しい」かについての絶対的な基準はない。たとえば、電線が地中化されている方が美しいと感じるのは、美的判断の結果であり、ひとによっては、電線にすずめがとまっている風景の方が美しいと感じるかもしれない。しかし、合成素材が多く用いられた化学化された風景の方が、しだいに美しいと見なされるようになるのである。

風景の化学化は、アンリ・ルフェーブルの概念を用いれば、「空間のコード化」を伴う。ある場所が化学化された風景としてコード化される過程で、中心的な空間構成要素となるのが合成素材である。合成素材、とりわけ合成樹脂（プラスチック）は化学合成によって製造された高分子化合物で、可塑性のある素材をさす。プラスチック材料を用いた工業製品はまさに多種多様で、さまざまな日用品に用いられる。各種容器、繊維製品、電化製品の絶縁体、コンピュータ、OA機器類、カメラ、自動車部品、パイプ、シート、家具、照明器具、そして建築資材に至るまで、プラスチック材料は、一九六〇年代の高度成長期に始まる、新たな生活様式の浸透を牽引したのである。

プラスチックは、軽く形を自由に整えることができる。また、割れたり破れたりしにくく、金属のように錆びないので、耐久性がある。そのうえ、自然素材に比べて水分が浸透しにくく、汚れが落ちやすいため衛生的で、食品や医薬品の容器や包装にも利用される。

プラスチック製品は、透明度が高く光沢を放つ。染料で自由に着色し、自然素材にはない質感を与えることができる。衛生面で優れ、清潔さを保つうえで役立ち、独特の質感をもつプラスチックは、いままでにはない「新しさ」のイメージを構成していく。この新しさは、過去との断絶のうえに、現在の特権化を志向する。汚れを落としやすく、耐久性があり、清潔さを維持するプラスチック製品は、過去を感じさせない。つねに、新しい状態を持続させることで、現在を特権化しようとする。そして、自然素材を用いた家屋、調度品、日用品が「古い」だけではなく、「不衛生」で「不潔」であるというイメージを生み出すのである。

この現在の特権化は、未来を先取りし、現在のうちに未来を取り込む時間原則に支えられている。宅地開発を成立させる住宅ローンも、こうした時間原則に基づいている。住宅ローンは、実際には遠い未来にしか取得できない住宅を、いま―ここで手に入れることができる。未来を先取りする時間原則は、住宅開発に典型的に表われる。住宅ローンによって住宅を取得するシステムは、個人に「人生設計」を強いる。個人として、どれだけ将来に向けて準備しているかが、社会を構成する原理となっていくのである。人生に不確定な部分がつきまとうことは、許されない。周到な準備によって、人生の「安全」を獲得しなければならないのである。

プラスチック製品、プラスチックを用いた建築物、合成素材から成る住宅街とその開発システムは、すべて同一の原理によって律せられている。それが未来を現在のなかに取り込む時間原則である。つくし野の住宅街は、まさにこの原則によって開発されており、つくし野に持ち家があるとは、来るべき未来の幸福を現在に実現することである。つくし野が「美しく」見えるとすれば、それはこの時間原則を基礎にしている。

マーケティングの世界が、この原則を正当化するような演出を積極的に行う。つくし野のような東京の郊外住宅地は、一時「第四山の手」と形容され、あたかもそこが新しいタイプの住宅地であるかのように喧伝された。第四山の手とは「郊外」の山の手であり、その住民はホワイトカラーでアメリカ志向、私生活を優先するライフスタイルをもち、消費社会が進展するなかで登場してきた階層だとされる（三浦 2000: 66-69）。

マーケティング・イデオロギーで描かれる階層が、実際のつくし野住民の社会階層を反映したものであるかどうかといえば、それは疑わしい。ただ、アメリカ志向や私生活優先といった特徴づけが、一見真実味を帯びるのは、これらがいずれも現在の特権化を志向する生活様式だからである。アメリカという他者の生活様式への憧れは、日本の伝統的な生活様式との決別を意味し、また、私生活優先は現在を楽しむという点で、現在の特権化と直接に結びついている。それはまた、未来を現在の内に実現している階層が存在することを印象づける。マーケティング・イデオロギーは、つくし野のような郊外住宅地に代表される化学化された風景が、ある特定の階層と結びついていることを示すことで、その価値付与に貢献していく。

こうした階層のイメージが風景を通じて産出されるのと同時に、未来を十分現在に取り込めていない階層が存在する。それを表象するのが、脱中心化する風景である。脱中心化する風景とは、十分にプラスチックになりえていない風景である。農協が開発した町田コープタウン西側の風景がこれに相当する。この地区はそもそも農住都市構想に基づいていたため、より多くの空間記号を含んでいる。具体的には、農地、町工場、集合住宅、木造家屋、墓地、ロードサイド店舗などがある。これらは、自然素材を多く含んだ風景を構成している。

4　田園都市の暴力

町田市のいじめ自殺事件

小田光雄は『〈郊外〉の誕生と死』（1997）のなかで、自身が生まれ育った村の景観の変容を記述した後、次のように言う。

このような私の村と道の風景の変容とは、私の周辺の固有の出来事ではなく、一九七〇年代以後全国いたるところで起きた現象であると思われる。そしてここに日本の戦後社会の成熟と喪失が否応なくはめこまれている。成熟とは豊かな消費社会の獲得であり、喪失とは農業を基盤として成立していた風景の消滅、あるいはそれに象徴されるもののすべてである（小田 1997: 23）。

小田は、農業地帯の風景が一九七〇年あたりから変貌し、郊外の風景にとって代わられたと指摘する。郊外の風景は小田によれば、ロードサイド店舗に代表され、「自動車社会の視線によって造型された風景」である（小田 1997: 65）。小田に限らず、風景が論じられるとき、特に取り上げられるのは、「郊外」における風景の均質化の問題である。その裏には、農村の風景への強い哀惜の念がある。

かつての農業地域の風景は、たしかに変容した。しかしそれは、必ずしも単線的に変化していったわけではない。小川地区では、つくし野という新たな住宅地が形成されたが、それがすぐに農地や木造家屋を消滅させたわけではない。つくし野の開発のような資本主義的開発は、これに対抗する農住都市構想を導き出し実現させた。それは結果的に、脱中心化する風景を生むことになったのである。脱中心化する風景が存在する地域では、大都市のように、消費社会の論理が十分行き渡っていない。小田が指摘する農業の消滅と消費社会の誕生といった、単線的な歴史観より複雑なかたちで、戦後の風景は形成されていくのである。

この地域に新たに開校された町田市つくし野中学校の学区は、異なる開発主体によって開発された対照的な地域をともに含んでいる。そして一九九一年九月、事件が起こる。それは、つくし野中学校二年生の前田晶子さんが、線路に身を横たえて自殺した事件である。晶子さんは、のちにいじめに遭っていたことがわかる。友人グループの少女たちが七月初めから晶子さんを「シカト」し始める。また、グループの一人から、アメリカの歌手のVHS仕様ビデオを月六万円という高額で借りることを余儀なくされる。晶子さんの自宅のビデオデッキはベータ仕様で、VHSビデオを視聴できないにもかかわらず、ビデオを貸す側は晶子さんが好きな歌手なので貸してあげたという理由づけをする。

晶子さんの父は、友人グループの少女たちについて、「それがなんかすごい子たちなんですよ。目つきや言葉づかいがね」と証言している（鎌田 1996: 61）。父親は、娘の死を機に「出世はあきらめ」たという「エリート・サラリーマン」である（鎌田 1996: 58）。その父親から見れば、娘の友人グループは、「不良」に見えたであろう。晶子さんの父が「出世」が可能なサラリーマンであり、「収入が多い」と見なされたがために、友人グループはビデオを高額で「貸す」という方法で、一種の詐欺行為を働いたのである。

この事件は、東急グループと農協という異なる開発主体が同一の地域で住宅開発を行った結果、異なる複数の社会階層が同一の中学校区に集まった事実と無関係とはいえない。階層「格差」の意識は、開発によって生産された風景と、それを演出するマーケティング・イデオロギーを通じて醸成される。

東京の周縁　羽田空港

ところで、つくし野がモデルとした田園調布は、一九四七年に大森区と蒲田区が合併して誕生した大田区に帰属することになる。

大田区の西北、多摩川沿いに位置し、「高級住宅地」としての評価が定まっている田園調布から、多摩川を東京湾に向けて下っていくと、しだいに田園調布とは異なる風景が現われる。それは、かつてほどではないにせよ、現在でも見ることのできる工場のある風景である。大田区は戦前から京浜工業地帯の一角を成しており、特に一九三〇年代に入り、急速に工場数が増加した。とりわけ一九三〇年代後半には軍需工場が増加して、「兵器廠の街」と呼べるような景観を呈していた（大田区史編さん委員会 1996: 587）。

多摩川をさらに下ると、大田区の最南東部にかつては漁村だった羽田町があり、その先には羽田空港が位置している。一九二九（昭和四）年に羽田町穴守の隣接地に国際空港を開設することが決定され、一九三一年に東京飛行場が開場したのが、羽田空港の始まりである（大田区史編さん委員会 1996: 491）。東京飛行場は、一九四一年から海軍航空隊の飛行場となったが、敗戦後、米軍が即座に空港を接収し、一九四五年九月一九日に飛行場を拡張するため、海老取川以東の羽田穴守町および鈴木町の住民に、二四時間以内に立ち退くよう命じたという（東京都大田区羽田小学校 1954: 156）。羽田町穴守には穴守稲荷神社があり、その周辺には料亭や芸妓置屋があって、歓楽街としてにぎわっていたが（大田区史編さん委員会 1996: 500）、穴守稲荷神社も移動を余儀なくされた。かつて神社があった場所は、現在羽田空港の一部となっている。

敗戦で一度は壊滅した工場の町は戦後復興し、大田区の工業生産は一九六〇年の時点で、従業員数、製造品出荷額において、東京二三区で第一位となっている（大田区史編さん委員会 1996: 847-848）。羽田町が校区である東糀谷《こうじや》小学校の校歌では、「とどろきひびく　工場の　空にきらめき　飛ぶ翼」と歌われ、「工場」と「翼（空港）」が、地域の象徴となっていることがわかる。羽田には戦後しばらく漁村があり、海苔の養殖が行われていた。しかし、一九六二年に大田区内の漁協は漁業権を放棄し、この地域における漁業は終焉を迎えた。

同時に、この時期から公害が深刻になっていった。大気汚染に関しては、「大谷重工羽田工場に隣接する羽田中学校の全生徒の四〇％にのぼる生徒に呼吸器疾患が認められ」たという（大田区史編さん委員会 1996: 855）。羽田中学校は羽田空港のすぐそばにあり、騒音にも著しく悩まされており、教育環境は劣悪だった。一九五四～六一年に羽田中学校に在職した教員は、「それにしてもよくあばれる生徒だった。盗難よけに羽中とペンキで書いたガラスは割る、壁にはでっかい穴をあける、天井うらに上りこむ、床下にもぐりこむであった。わたしは叱った。どなった。追いかけた」と当時を語っている（大田区史編さん委員会 1996: 915）。

ところで大田区では、一九六〇年代なかばから区外に転出する工場が出てきた。一九六〇年代に首都圏をはじめとする大都市の工場が、その周辺部に移動し始めたことを、第4章で明らかにした。大田区外に新たに造成された工業団地などに、おもに大企業の工場が移転していくのである。これは、大田区に数多く存在する下請けの中小企業にとって、大きな打撃である。しかも中小工場は、騒音などの公害の元凶として批判された(8)。

東京都としては、公害が激しくなるなかで工場が移転することは、けっして悪いことではないと判断しており、一九六四年には公害源とされた工場を埋立地に移転させることを決定した。こうして中小工場も一九七〇~七五年に、都内に造成された新たな工業団地に相当数移転したのである。これは、「住工・商工分離」の原則に基づいた政策で、「工」「商」と「住」の共存は難しいことを示している。

一九七〇年代に、羽田空港付近の糀谷町や羽田旭町では工場が撤退した跡地にマンションが建つようになる。本書でこれまで取り上げたのは、開拓された農地に工場や住宅が建設された事例だったが、大田区羽田、糀谷は海岸の「不毛の原野」に工業地域が生まれ、一九七〇年代になってそこに住宅開発が行われる。第4章までに取り上げてきた地域とは、一見異なるようにみえるが、脱中心化する風景が現出する点では、この地域も同じである。工場は東糀谷小学校の校歌で歌われたような象徴ではなくなった。地域は異なる空間記号が混在するだけの空間となっていったのである。

東京都大田区のいじめ自殺事件

京浜急行の最寄り駅である穴守稲荷駅前もかつて工場があったが、そこにもマンションが建つ。それから一二年後の一九八五年一一月に、このマンションの一〇階に住む羽田中学校二年生亀田千春さんが飛び降り自殺をする事件が起こる。この事例において朝日新聞紙上で初めて「いじめ自殺」ということばが使われた(9)。

千春さんが残した遺書には、「A子さんが私をこきつかい、友だちまで、せいげんしてしまった」「しゃていしゃていといわれ　とてもつらくかなしかった」「私が死ぬりゆうは、A子B子のせい」などと書かれている。A子とB子は、同級生の何人かを「舎弟」にしており、たとえばB子は舎弟三人に三百円ずつ出させて、この少女にアダルト・ビデオテープを借りに行かせたという。中学の中に「女子のツッパリグループ」が形成されていたのである（亀田稔・愛子 1989: 115-116）。

つくし野中学校のいじめ自殺事件は、この事件から六年後に起こった。羽田中学校の事件同様に、女子生徒が自殺しているが、女子の自殺数は男子に比べて少ない。29件のいじめ自殺事件のうち、女子の自殺者は三人にすぎない。もう一件は福岡市東区の事例で、いずれも大都市で起こっている。羽田中学校の事件でも、つくし野中学校同様、「シカト」がいじめの手段として用いられており、千春さん同様に「舎弟」にされていた女子生徒は、「私も皆の『シカト』がつらく、死のうと思わなかった時はほとんどなかった」と追悼文集に記している（亀田稔・愛子 1989: 165）。また、「ビデオテープ」の貸し借りがいじめと関わっている点も、共通している。

ただこれとは別に、羽田はもう一つのいじめ自殺発生地域と同じ特徴をもつ。それは、成田市三里塚である。成田空港に接し、かつて空港建設反対運動の拠点であった三里塚においても、いじめ自殺事件が起こった。第2章では、この地域について次のように触れた。

三里塚は、空港とは高い壁で隔てられている。成田空港に隣接しながら、かつてのようなにぎわいはなくなってしまっている。国際空港という日本国内だけではなく、世界を結ぶターミナルがそばにあるにもかかわらず、三里塚はそこから疎外されている。空港という新たな中心点、そして、空港に関連するさまざまな施設（たとえばホテル）の建設とは、さほど関係がないところで、相対的に孤立している(10)。

これは、羽田にもあてはまる。羽田中学校からは、海老取川を挟んで空港を眺めることができる。身近にある空港では飛行機が発着している。しかし、ひとびとが移動する基点である空港を、地域住民が頻繁に利用するわけではない。空港に関わるとすれば、旅行者というよりは、空港施設で働く方が多いであろう。事実、自殺した少女の母親は一時、空港内で働いていた。

また、内陸部にある成田空港とは異なり、羽田は海に接し、多摩川が東京湾に流れ込む河口にある。この地域も、前章でいじめ自殺が起こった地域の特徴として指摘した、地形上三方を囲まれた袋小路のような場所なのである。

東京都江戸川区のいじめ自殺事件

さて、29件のいじめ自殺発生地域のなかで、東京都内で起こった事例がもう一つある。それは、江戸川区平井の事例である。

一九三二（昭和七）年に誕生した東京都江戸川区は、元々千葉県との境界である江戸川と荒川に挟まれた農村部だったが、この時期に小松川地区を中心に工場が増加した。

江戸川区のなかで、例外的に荒川の右岸に位置するのが、平井、小松川地区である。この地域は、戦前から工場が多く集まっていた地域で、大正期には、南葛飾郡（江戸川区の前身）の工場の約九割五分が、水運の便がよい荒川以西に集中していたという。一九三一年から十年で急激に工場の数が増加した点は、大田区と共通している。地区は戦災で壊滅的な打撃を受けたが、しだいに復興し、平井一～四丁目（現在の五～七丁目）には、一九五四年時点で従業員五〇人以上の工場が24、従業員五〇人未満が179存在した。また、江戸川区における従業員百人以上の工場は、ほとんどが平井、小松川地区に集中していた（東京都江戸川区役所 1955: 1018）。

しかし一九六〇年代なかばから、大田区同様、江戸川区においても工場が区外に移転していく。一九六五～七三年に、江戸川区全体で38の工場が移転する。移転した工場跡地に建設されたのが、都営住宅を中心とした集合住宅である。一九六六年に平井地区では、日東硫曹東京工場が移転した（江戸川区 1976b: 158-160）。その跡地には、一九七〇年に区内で初めて高層一二階の都営住宅が建設された（江戸川区 1976a: 1081）。その後、一九七一～七三年に地区内で相次いで都営住宅が建設される。一九六〇年の時点で、江戸川区の土地面積の53・5％を田畑が占めていた。しかし、一九六五年には宅地面積が田畑を上回る。そして一九六八～七四年の六年間で、農地の40％が宅地に変わることになる（別所・丸山 1978: 104-105）。

ＪＲ総武線を挟んで、都営住宅の真向かいにある小松川第三中学校に通う三年生の菅原光治君が、都営住宅（中学校の真向かいとは別の棟）の九階から飛び降り自殺したのは、一九九四年七月のことである。光治君は、「いつもいつもいじめられた」「金を払え、と言われて、持っていかなかったので殴られた」という遺書を残していた。また、「タイ米」と呼ばれて嫌がっていたという（東京新聞一九九四年七月一三日付）。

この事件は、羽田中学校の事件が起こった一九八五年から九年経っており、事件の性格も異なっている。羽田中学の事件の場合、女子のツッパリグループが存在した。野辺地町やいわき市のように、同時期に起こったほかの事件においても、特定の集団（「不良仲間のピラミッド」「いじめグループ」）が暴力を行使していたことが、実際にいじめ自殺が起こる以前から生徒のあいだでは知られていた。しかし小松川三中では、事件が起こるまでは教師はもちろん、生徒のあいだでも、光治君が暴力をふるわれていると認識されていなかった。東京新聞の同記事は、「区内の評判もよく、越境進学の希望者も多い。今年の三年生はおとなしいと聞く」という「教育関係者」のコメントを載せている。また、同級生の女子は「（自殺の原因が）何でか分からない。クラスのみんなもショックではなせる状態じゃない」という。つまりこの時期から、非行の烙印を押された集団とは異なるタイプの暴力が、学校内で発生し始めたのである。

一方で、二つの事件に共通する点もある。それは、集合住宅の上階からの飛び降り自殺だという点である。高層住宅が建ち始めると、そのなかで高島平団地のように自殺の名所が生まれる。高層ビルは、都市における飛び降り自殺の場所と化すのである。

二人の中学生が飛び降りたのは、ともに一九七〇年代前半に建設された高層住宅であり、それは町工場と木造家屋が密集していた地域の風景を大きく変えるものだった。平屋の木造住宅に住む住民から見れば、高層住宅は相当の圧迫感を与える。日照権の侵害など、生活への実質的な影響もある。高層ビルばかりが建ち並んでいれば問題はないが、高層住宅が低層の建物のなかに建てられると、景観上大きな亀裂を生む。そして、高層住宅は戸数も多く、いわゆる新住民の流入を招く。新住民は地域を私生活を送る場所と考え、職場は地域外にあることが多い。高層住宅は以前から生活している住民にとっては、負の中心ともいえる建物なのである。

5 住宅開発／観光開発

住宅開発

一九六〇年代から進められた住宅建設計画は、住宅開発のモデルとなる。一つは、つくし野のような一戸建てが中心の住宅街であり、もう一つは、集合住宅が集まる団地である。また、これとは別に民間デベロッパーによる高層マンションも建てられるようになる。

つくし野と似たコンセプトで開発された地域に、新潟県上越市の春日地区がある。上越市は、直江津市と高田市という性格が異なる二つの都市が、一九七一年に合併して誕生した。直江津は港湾都市であるが、高田は内陸部にあり、かつての豪雪地帯である。また戦前は、陸軍の連隊が駐屯していた。春日はこの中間に位置する農村部だったが、直江津と高田の対等合併によって市役所がここに設置された。その結果、この地区は急速に宅地化が進んだ。上越市創造行政研究所によれば、一九七〇年を１００とした時に、二〇〇〇年の人口比は春日地区で４２２であるのに対して、高田は79、直江津は54で、大きく人口減少している（上越市創造行政研究所 2003: 4）。

春日山駅の周辺には、現代的な建築の一戸建てが建ち並んでいる。上越市内において、かつての中心だった高田地区などから、春日地区の方に人口が移動している。移動先にあるのは、つくし野と同様、化学化が進んだ風景である。高田地区にいまだ残る町家は文化財として位置づけられ、一般にも開放されている。しかし、地元住民はこうした伝統的家屋を保存すべき過去の象徴ととらえ、住宅としては評価しない。一般に町家がそうであるように、自然素材から成る外観と暗い室内自体、否定的な意味しかもたない。町家が表象する伝統は、「貧しさ」の象徴に見えてしまうのである。住民が望むのは、伝統的で「古い」家屋ではなく、合成素材に彩られた家である。

上越市においても一九九五年一一月いじめ自殺が起こっている。自殺した春日中学校一年生の伊藤準君の家には、バスケットボールのコートまであった(11)。春日地区の化学化された風景は、「豊かさ」の象徴なのである。ただ、春日中学の校区全体を見ると、合成素材を用いた住宅が建ち並ぶだけではなく、かつての農業用水路や伝統的な木造家屋なども点在する。その一方で、ロードサイド店舗が進出している。まさに典型的な脱中心化する風景なのである。

鹿児島市、朝日村のいじめ自殺事件

上越市の事例は、つくし野のように一戸建ての高級志向の住宅開発であった。これに対して、一九九五年五月にいじめ自殺が起こった鹿児島市の事例は、集合住宅を中心とした開発である。それは、福岡から転校してきた鹿児島市の坂元中学校三年生の池水大輔君が、同級生に金銭を奪われるなどのいじめ

に遭い、自殺した事件である（鎌田 1996）。坂元中学校の校区には、一九七〇年から三年かけて開発された玉里団地がある。宅地造成面積は97ヘクタール、七三年二月に実施された最終回の宅地売り出しの倍率は21・3倍で、大変な人気であったことがわかる。この団地を開発した鹿児島開発事業団は建築面でも関わり、六階建て鉄筋コンクリート造の玉里団地ビルや店舗付き住宅が建設されたという（鹿児島県 2006: 462）。団地の分譲から二二年経った一九九五年に、いじめ自殺事件が起こっている。

ところで、新潟県と鹿児島県では、住宅開発とはほぼ無縁の地域でもいじめ自殺が起こっている。新潟県では、現在村上市と合併した旧朝日村がそうである。朝日村は、一九五四年に五つの農村が合併して生まれた。その後朝日村が大きく変貌するのは、一九八六年に観光拠点であるみどりの里ができてからである。その二年後には、ぶどうスキー場が開設された。一九八六年には、4万6100人だった観光客数は、翌年には21万3900人に増加し、一九九六年には50万人を突破した(12)。この朝日村にいじめ自殺事件が起こったのは、みどりの里開設から一二年後の一九九八年八月のことである。朝日中学校二年生の男子生徒がクラス内やサッカー部で、金銭を奪われたり、暴行を受けるなどしたため、夏休み中に首つり自殺をした（朝日新聞一九九九年二月二八日付新潟版）。

知覧町のいじめ自殺事件

鹿児島県でいじめ自殺が起こったのは、現在ではかつて特攻基地があった場所として有名な知覧町（現南九州市）である。知覧では一九四一（昭和一六）年に陸軍飛行場が完成し、それが一九四五年に特攻基地となる。都市部から離れているため、産業は農業が中心であり、一九七五年以降は茶の栽培に特化した大規模経営農業に移行する。その結果、知覧町においても農業人口自体は大幅に減少する。一九七〇年に３６７７戸あった農家は、一九九〇年には１８１１戸とほぼ半減している。専業農家は同時期に43％増加しており（知覧町役場企画課 1991: 19-20）、これは大規模経営農家の増加を意味している。

一九八一年に策定された第二次知覧町総合振興計画では、観光開発の必要性が強調されている(13)。知覧麓にある武家屋敷群の観光地計画がすぐに実行に移された。八一年二月には、武家屋敷群の七つの庭園が国の「名勝」に指定され、一一月には、武家屋敷群が「伝統的建造物群保存地区」に選定されている。武家屋敷群の並ぶ通りは、農業用道路として利用されていたので、「観光の機能を十分に果たしていない」。そこで「新しい進入路の開設」を行うなど、武家屋敷が観光資源となっていくのである。また、知覧町の特産物をみやげものとして、すでに耕作の中心となっていた茶栽培と観光開発を連動させることが計画の「基本的方向」となる（知覧町役場企画課 1981: 36）。

武家屋敷とは別に、一九八六年には知覧特攻平和会館が開館し、これも新たな観光資源となっていく。すでに一九七四年に特攻遺品館が建設され、その後も一九八〇年には零戦展示室が増築されるなど、遺品館の来館者は増え続けた。そこで、新たに特攻平和会館が開館したのである。平和会館は、特攻兵の遺書をはじめ、さまざまな展示物がある本格的な博物館である。観光客だけではなく、修学旅行の訪問先としても活用され、平和会館は知覧の代表的な施設となった。一九七六年、特攻遺品館時代の来館者は、４万２２９２人だったが、平和会館開館後の一九八七年には35万人に達し、一九九五年には70万人を越えた。同年の武家屋敷群の訪問者が39万人なので、いかに平和会館が観光客を引きつけているかがわかる。またこの年、４２４の学校が修学旅行で、平和会館を訪れている（知覧町郷土誌編さん委員会

2002: 424)。

知覧でいじめ自殺が起こったのは、一九九六年九月のことである。この事件は、自殺した知覧中学校三年生の村方勝己君の両親が、勝己君が通っていた知覧中学校やいじめの加害者に対して損害賠償を求める裁判を起こしたため、いじめの実態が法廷で明らかになっている。判決文では、一年半にわたり継続的な暴行やたかりの被害に遭い、「霜出事件」と呼ばれる暴行劇では、同級生ら一一人から意識を失うまで三〇分にわたり、殴る蹴るの暴行を受けたとして、鹿児島地方裁判所は知覧町と元同級生五人に賠償を命じた(南九州新聞二〇〇二年一月二九日付)。まさに凄惨としか言いようがない状況だったのである。

観光開発

朝日村と知覧町が特徴的なのは、地域の人口が減少し、過疎化していくなかで、対策として講じられた観光開発が実績を上げた後に、いじめ自殺が起こっている点である。朝日村の場合は、一九八六年にぶどうの里ができてから一二年後の一九九八年、知覧町の場合は、一九八一年の観光開発着手から一五年後の一九九六年に、事件が起こっている。

ここで言えるのは、観光開発でつくられた施設は、地域のこどもにとって身近なものではないことである。たとえば知覧の場合、武家屋敷は所有者がはっきりしており、その歴史的な意義はともかく、地域全体の象徴というわけではない。特攻基地は軍隊が設置したものであり、そもそも地域内部から生まれたものではない。軍人の一部は知覧に残り、農地開拓に携わったが、町全体のなかでは一部にすぎない。どのような観光施設もその中身ではなく、観光客の受け入れ施設であることだけが強く認識される。

自分たちにとって必ずしも身近とはいえない施設に、多くの観光客が訪れる。しかもそのなかには、修学旅行でやってきた同年代の小中学生も含まれる。こどももおとなも、観光客は消費する。おみやげを買う。店に並べられた商品は、観光地のこどもたちにとっては、魅力があるとは限らない。おそらく、みずから買うことはないであろう。ただ、同世代の修学旅行者が、おみやげを買い求める姿を見かけることはあるはずである。自分たちとは異なる服装のこどもたちとすれ違うこともあるだろう。観光地に住むこどもたちは、地域外の同世代の集団を定期的に目にする。このとき、なかには「都会」の生活に憧れる者もいるはずである。

地域が観光開発されると、人や財を吸引する新たな市街地ができた時のように、地域は大きく変貌する。ただ、地域住民にとって新たな観光施設はそこで働くひとびと以外、無縁の空間である。新たなショッピング街ができるのとは違って、消費の可能性は乏しい。消費するのは、外部の観光客だけである。これは地域内部に異質な空間が生まれたことを意味する。内部にありながら、外部の者だけが消費する空間である。そこは観光客と同時に、貨幣が集まる場所でもある。こうした場所はけっして地域の新たな中心にはならない。その反対に、異質な場所として、地域内部に見えない境界を作り出す。脱中心化する風景においては、異なる空間記号が混在するだけではなく、それが対極的な記号として、明確に体験されるようになる。

前章では、いじめ自殺と脱中心化する風景との関連について、共通する特徴として地域内の中心の消滅、中心の外部への移動を挙げた。また、外部に位置する新たな中心は、消費空間を構成しているとも指摘した。しかし、ここで明らかになったのは、消費空間が内部に入り込んでしまう場合もあることである。脱中心化する風景のなかには、風景の一部でありながら、風景からはみ出してしまう空間がある。それは、地域の外部とより深く関わり、地域住民は疎外されるような空間である。たとえば、観光施設や空港は、おおむね外部のひとびとが利用する施設である。

以上の点からわかるのは、現象学的地理学でいわれる、場所のセンスの欠如がアイデンティティの揺らぎを生むという議論は、半分しかあたっていないということである(14)。場所のセンスの欠如は、自分自身の「居場所」がないということだが、アイデンティティの揺らぎはそれだけではなく、他者によって居場所が侵害される時にも起こるのである。

旭川市のいじめ自殺事件

朝日町や知覧町のように小規模な農村だけではなく、より大きな規模の地方都市においても、似た特徴が見られる。北海道旭川市がこれに相当する。アイヌ民族が生活していた地域に屯田兵が入植し、開拓したのが旭川の始まりで、その後一九〇二(明治三五)年に陸軍第七師団が設置され、戦前は軍都として発展した。戦後は木工団地を造成するなど、家具生産などの木工業や鉄鋼業により経済成長を遂げた。旭川市のホームページには、「昭和四五年に人口30万人、昭和五八年には人口36万人を超え、北海道では札幌に次ぐ第二の都市となった」と記されている(15)。

しかし、『メディアあさひかわ』(二〇〇六年七月号)には、「いつの間にか36万人を割っていた旭川市の人口」という記事が掲載されている。そのなかで、「旭川市内では過去五年間、誘致の企業がゼロ。

融資など優遇措置を用意しても、内陸のハンディゆえに来ない。（……）若者の流出で人口減は止まらない」という「経済人」の話を引用し、市の総合計画の失敗についても言及している。記事は「50万人都市を目指して」という題目の下、道路整備などを進めたため、「中心市街地の空洞化」を招いたと、行政を批判している。

実際、旭川の人口は一九八三年に36万人を越えてから、ほとんど変化がなかった。「経済人」が指摘する通り、地理的な条件が不利なため、旭川に積極的に進出しようという企業は、多くはないであろう。工業生産という観点に立てば、一九八〇年代から旭川は停滞しているといってよい。一九九九年から一〇年間の経済統計を見ても、旭川の従業員数や製造品出荷額は、低下の一途をたどっている。

一方で、一九七五年に旭川空港の拡張整備が決定し、一九八〇年代から旭川周辺の観光客数は増大した。大雪山や、テレビドラマやCMの舞台となった富良野や美瑛が隣接しており、旭川は道央北部観光の拠点となった。また、一九九七年から旭山動物園が「行動展示」を始めるなど、全面的なリニューアルを進め、二〇〇〇年前後には４００万人ほどだった観光客数は、二〇〇五年には５００万人を越えた。つまり、旭川は一九八〇年代から観光に依存する度合が高まり、朝日町や知覧町のように、地域内の風景からはみ出す空間が生まれてしまったのである。

旭川でいじめ自殺が起こったのは、一九九七年八月のことである。中学校名は非公表だが、この年、市の予算で初めて常磐中学校と神居中学校にスクールカウンセラーを配置したことと、中心部にある常磐中学校には国の施策の一環で、すでに一九九五年からスクールカウンセラーが配置されていたことを考慮すると、いじめ自殺が起こったのは神居中学校ではないかと推測できる。もう一つの理由は、本書の仮説に立てば、いじめ自殺が起こるのは地域の周辺部で、脱中心化する風景が見られる場所であり、一九五五年に旭川市の一部となった神居がそれに相当するからである。

自殺した少年は、「殺すとか言ってもホントは殺さないとは思うけど殺されるくらいなら　自分で死のうと思って自殺した」と遺書に書き残している。また、リュックサックのなかに、同級生の名前をあげ、「金を出せと脅された」などと書かれたメモが入っていたという（毎日新聞一九九七年八月七日付）。

教育学者の内沢達が、知覧町いじめ自殺事件をめぐる裁判に際して、鹿児島地方裁判所に提出した陳述書(16)には、実際に暴行に加わった少年たちが、「まったくの遊び感覚で、楽しげに、笑いながら、殴る蹴るの暴行を働いていました」とある。警察において、少年たちは「おもしろそうだ。俺も殴ってやろう、という気持ちになった」などと供述しており、また、勝己君同様に暴行を受けた別の少年は「M君が殴られたり蹴られたりしていたとき、みんなの笑い声が聞こえた」と話している。内沢は、加害者の少年たちは総じて「悪いことをしたとは思っていない」と断じている。

6　田園都市のその後

少年たちが「遊び感覚」で行使した暴力と、地域の風景の変容とは、どのように関わっているのであろうか。この点については、最終章で論じることにして、最後に、現在のレッチワースや第二の田園都市ウェルウィンが、どのような状況にあるのかについて、触れておこう。現在、レッチワースやウェルウィンは、田園都市という特徴をもつまちというよりは、ロンドン郊外という位置づけがより正確である。そして、いくつかのロンドン郊外地区と共通の特徴をもつ。その特徴の一つとして最近指摘されているのが、治安の悪化である。

二〇〇五年七月二一日に起きた爆弾テロ事件の主犯とされる通称イブラハムは、一九九〇年、一三歳の時に家族と共にエチオピアからイギリスに移民としてやって来る。不良集団に加わり、「ウェルウィン、スティーブンエイジ、レッチワース、ロイストンで、路上強盗を働いていた」とテレグラフ紙は、その生い立ちを伝える。また、二年後の二〇〇七年八月には、六人の男性がレッチワースで乱射事件を起こし、二人が重傷を負う事件が起こっている。

こうした郊外の問題については、まだ十分に解明されていないと社会学者のルパ・ハク(17)は指摘している。ロンドン郊外の問題は本書の目的ではないので詳しくは論じないが、仮に当初レッチワースが農村と都市を結婚させることに成功したとしても、何らかのきっかけによって、しだいに無秩序な空間を生み出していったのではないかと推測しておこう。現在、レッチワースには工場群が建ち並ぶが、すでに廃屋となった工場も存在する。この廃屋が今日のレッチワースを象徴しているようにみえる。

注

(1) 一八九八(明治三一)年に『明日――真の改革にいたる平和な道』(*To-morrow: A Peaceful Path to Real Reform*)が出版され、数年後に『明日の田園都市』(*Garden City of To-morrow*)と改題された。

(2) 第4章一三二頁参照。

(3) 同上。

（4）一九四二年に合併改称して東京急行電鉄となったが、戦後は京王、小田急電鉄などを分離して、現在の東急電鉄の基となった。
（5）ただし、ここでハワードの信奉者のように、ハワードの構想と日本で実現した「田園都市」とはまったく異なるという点を主張するつもりはない。
（6）鈴木・小野寺（1970）は、農住法に関する著書で、町田市南農協の小川地区などに関する分析を行っている。
（7）町田市ホームページ（http://www.city.machida.tokyo.jp/kanko/miru_aso/midokoro/kakueki/toukyu_keiou_ensen.html）による。
（8）一九六九年に城南鍛造工業協同組合は大田区議会に陳情書を提出し、「かつては不毛の原野に工場を建設し、工業地域内にありましたものが、無統制、無制限な住宅建設が工場を取り巻」いたと指摘して、あとから住み着いた住民に騒音などの苦情を言われることは承服できないと訴えた（大田区史編さん委員会 1996: 862）。
（9）第3章七七頁参照。
（10）第2章六五頁参照。
（11）第3章八六―八七頁。
（12）旧朝日村ホームページによる。
（13）このとき教育行政では、三校あった中学を一校に統合した。その結果、知覧中学校の校区は南北23キロにもわたることになった。通学手段は、二割がスクールバス、七割が自転車、一割が徒歩だという。
（14）第4章一四〇頁参照。
（15）旭川市ホームページ（http://www.city.asahikawa.hokkaido.jp/top/outline/ayumi.htm）。以下の経済統計や

観光客数などに関する統計の出典も同上。
（16）「鹿児島知覧町立知覧中学校いじめ自殺事件（1996. 9. 18）に関する内沢達の陳述書」。
（17）インターネット上の発言。

第6章　消費社会と暴力

1　消費と所有

そもそも古典的な経済学概念では、消費は生産の付随物にすぎなかった。一九世紀に資本主義が確立すると、過剰な生産によって商品が売れ残り、それがしばしば不況を招いた。そこで、有効需要の概念が生まれ、消費者が商品を購入しなければ、資本主義は成り立たないという共通理解が生まれた。それでも、消費は最低限の生活を営むために必要なもので、それ以上の消費は余暇のように「生」における単なる付加物と考えられていた。そして、何よりも生産に向かう労働が、生活の中心と見なされていた。

一方で、消費は生産概念とは別のある概念と深く結びついている。それは所有の概念である。消費するという行為は、個人もしくは法人が、ある商品を占有することである。消費と所有が結びついていることを示すのが、住宅の購入である。多くの個人の人生において、住宅の購入は最大の消費である。それ以上に高い買い物は、なかなかない。さらにいえば、一個人が土地と住宅を購入できるという認識そのものが、消費社会の到来を用意したともいえる。なぜなら、住宅と土地の所有は、一方で戦前の半封建的な所有関係を解体し、他方で消費は最低限の生存を超え出た行為であることを示し、消費という行為自体に積極的意味を付与したからである。こうした土地所有の意識が、戦後の農地開拓のなかで生まれたことを、第2章で明らかにした。

農地開拓の段階では、所有は農業生産と結びついており、所有が消費と結びついたとはまだいえない。また、土地を所有していても、生活に必要なモノを自由に買えるような状況にはない。やや図式的にいえば、開拓民が土地を国家や企業に売却し始めた一九六〇年代が、所有と消費が結びつく第一段階である。ここで土地が積極的に商品化され、開拓民は土地の売却によって得た資金で新たに消費していくからである。開拓民以外の農民も土地を売却するが、戦後の開拓民のように、戦後初めて土地を取得した者が土地の商品化に関与していくことが重要なのである。

土地の商品化は、行政が想定していた以上に、ある意味「自由」に行われ、空間への投資が進んだ。その結果生まれた工業団地や住宅団地の造成は、それまでの風景を一変させるものだった。これが、本書で〈脱中心化する風景〉と呼ぶものである。風景が脱中心化していくとは、ある特定の固定化された風景から、風景が絶えず変容していくことを意味する。これは同時に、空間が生活の中心的な場として存在感をもつものではなく、消費の対象となることを促す。自然素材に彩られていた空間に、合成素材が侵入し、それまで生活の場に存在しなかった合成素材を特権化するような美意識が生まれる。これは、新たな所有の欲望と結びついている。美意識に基づいた所有の願望＝消費の欲望が醸成されていくのである。

この消費社会における美意識は、三つの判断軸から構成される。このうち二つは、一九六〇年代から生まれている。それは、「新しい」と「きれい」の二つの形容詞で表すことができる。いま一つの判断軸については後述することとして、新しさは、そもそも消費と深く結びついている。なぜなら、消費を喚起するうえで不可欠な流行現象は、新しさを追求するからである。住宅の購入においても、この新しさが魅力だったことは、すでに本書で触れている。2LDKの団地タイプの発想は、一戸建て住宅にも取り入れられ、システムキッチンや洋式応接間は、日本家屋の新たな特徴となった。そして、新しさを演出するのが合成素材である。また、新しい商品はきれいで清潔である。暗い土間にあった台所がシステムキッチンとなり、合成素材が用いられたキッチンは清掃も容易で、清潔感を印象づける。これは、トイレやユニットバスに関しても同様である。

一方で、農漁村の風景はしだいに消滅し、かつて農業で肥料として用いられていた人糞のような排泄物は、工業生産には役立たないため、単に悪臭を放つ汚物にすぎなくなり、工業生産が生み出す廃棄物同様の扱いになる。汚物は再利用できない無意味なモノとしか認識されないため、できる限り人の目に触れない隔離された場所で処理されなければならない。そのため下水道のような設備が作られ、処理すべき余剰物が厳密に区別されるようになる。それは、清潔な空間を維持するための規律を生み、この規律から逸脱した行為は、すべて環境を汚すだけの余剰の行為となる。

消費社会が確立すると、社会秩序のありかたも変わってくる。フランスの社会学者ロベール・カステルは、いまや非正規労働者はつねに不安定な状態にあり、一九世紀の労働者やそれ以前の浮浪者

（vagabond）がそうであったように、「危険な階級」と見なされつつあるという（Castel 2003＝2007: 原著 53）。日本でも非正規労働者は増大しているが、危険な階級が台頭しているという声は上がらない。一部のひとびとが突然暴動を起こし、それが全国的に拡がるという事態にはなっていない。しかしこれは、つねに不安定な状態におかれたひとびとが存在しないということではなく、これらのひとびとが可視化しないようなしくみがより巧妙にでき上がっているからである。

消費の場所は、この点で重要な役割を果たしている。インターネット・カフェがその典型である。インターネット・カフェを宿泊施設として利用する者が存在することは知られているが、そのなかで自宅のない者を、マスコミ用語ではネットカフェ難民と呼ぶ。その多くは、日雇い派遣労働者のような不安定な非正規労働者である。ネットカフェは、生活保護を受けることさえできない状態にある者に宿泊場所を提供している。消費社会が進展するなかで生まれた新たな空間が、生活が不安定なひとびとの避難場所になっているのである。ネットカフェは、この意味で一種のセーフティネットの役割を果たし、同時にそれは、つねに不安定な状態におかれたひとびとの可視化を防いでいる(1)。

ネットカフェ難民は、まさに消費者としてのみ存在している。ネットカフェに寝泊まりするひとびとのなかには、ネット上でブログをつくり、日々のできごとを綴る者がいる。この事実自体が「ネットカフェ難民」の特徴の一つである。ネットカフェ難民は定職がなく、自宅を持つことができないが、ウェブ上においてはコミュニケーションを築いている。ブログを通じて、バーチャルな空間に居場所を確保しているのである。

実際にブログを見ると、そこには興味深いことが書かれている。ネットカフェに宿泊するある青年は、次のような記述をしている。


今日は気晴らしに原宿激安ショップ巡りに行ってきました♪（……）

なんでも三九〇円ショップにやってきた。

品揃えはかなり豊富♪

帰りにさらに安い三八〇円ショップを発見！（……）

帽子もかわいいのを二つゲト♪

左側の帽子は片側だけボタン二つとポッケがついています。

右側の帽子はうしろがターバンみたいになっていて大きさを調整可能！（水島 2007: 48-49）

このブログに見られるように、長期ネットカフェ宿泊者は、外見に非常に気を使う。服装への関心も、その表れの一つである。清潔であることが重要な価値となっており、ネットカフェの長所の一つは、「銭湯とかより綺麗」なシャワールームがあることだと、引用したブログの書き手も指摘している。

このブログの記述だけ見れば、この青年はいわゆる「貧困」とは無縁であるようにさえみえる。実際、ネットカフェ難民をわざわざ社会問題視する必要性はないという発言が出ている。たとえば、石原慎太郎東京都知事は、二〇〇八年一〇月三日の定例会見で、ネットカフェ難民を「一つの新しい風俗」であるとしている。（荻野 2009: 67-68）。こうした考え方は、生存を脅かすような物質的欠乏を貧困と見なす時にのみ有効である今日、消費は単に衣食住に必要なものがすべて商品化され、商品を購入しなければ生存がままならない、ということを意味するのではない。生産の方が生活の付加物であり、消費こそ人生の中心となるような時代が到来している。ジークムント・バウマンは、現代社会は「生産社会」から「消費社会」に移行しつつあり、社会の成員は何よりもまず消費者としてとらえられるという（Baumann 1998 = 2003: 204）。石原都知事の発言に代表される、ネットカフェ難民への疑念は、高度消費社会における生存権のありかたが大きく変化していることを認識していないことから生じている。

2　化学化

消費社会を生み出すうえで、大きな役割を果たしたのが、化学化である。化学化は、二〇世紀における「化学戦」から始まる。ペーター・スローターダイクによれば、化学戦は、第一次世界大戦でドイツ軍の「ガス連隊」が、塩素ガスを大量に使用した時点に端を発している。ガス爆弾は、敵の兵士の身体に対してではなく、敵の環境を攻撃することを目的としている。そこでは、「敵の身体を〝生きられない環境〟の内に十分に長い間閉じこめておくことで、生存を不可能にすることのできる可能性」が追求される。それは、「古典的戦争（対等な能力のある敵対者同士の間の古いチャンバラ）」から「テロリズム」への移行であり、「人に対する暴力」と「事物に対する暴力」の区別を廃棄する。環境自体が攻撃対象となることで、人と事物を区別する必要はなくなるからである。人間を直接に攻撃しなくとも、環境を攻撃さえすれば、人は死ぬのである（Sloterdijk 2002 = 2003: 12）。

スローターダイクは、マルティン・ハイデッガーのいう「故郷喪失者」も、単に故郷を喪失した存在という意味ではなく、「人間が自然な空気の覆いの中に居住できる市民権を剝奪されること、そして彼らが気候調整された空間へ移住することをも暗示している」（Sloterdijk 2002 = 2003: 66）と解釈する。化学戦以前と以後では、故郷に住まうことの意味がまったく変わってしまったのである。

図式的にいえば、化学戦以前（本書の用語でいえば、化学化していく以前）においては、住み慣れた居場所があり、場所と共感的な関係を結ぶことが可能だった。それは、「田園」のイメージと結びつくような場所だった。ハイデッガーは、こうした場所をエートスという用語と結びつけて、「実は、エートスとは、居場所、住む場所のことを意味している」という（Heidegger 1974 = 1997: 118）。ハイデッガーは、人間の居場所とは神が宿る場所であるとして、古代ギリシャの哲学者ヘラクレイトスに関する、次のようなエピソードを紹介している。

哲学者ヘラクレイトスがどのような人物であるのか、一目見て見たいというひとびとが、ヘラクレイトスの元を訪れると、ヘラクレイトスは、パンを焼くかまどのそばで暖をとっていた。このごくありふれた光景を見た訪問者たちは、思索にふけっている孤高の哲学者をイメージしていたので、失望し、部屋に入るのをためらっている。このとき、ヘラクレイトスは、「ぜひ、なかに入るように。というのも、神々はここにもいるのだから」と言う(2)。

ハイデッガーにとって、パンを焼くかまどのようなごくありふれた場所こそ重要である。これは、ハイデッガーの批判から『風土』を書いた和辻の風土論とある種の共通部分がある(3)。たとえば、和辻は日本人の「家」について論じながら、「日本人はこのような『家』に住むことを欲し、そこでのみくつろぎ得る」(和辻 [1979] 1998: 196) と言う。ここでいう家は、「へだて」がない場である。靴を脱いで家に上がれば、そこには、他者を意識する必要がない人間関係だけがある。これは、ハイデッガーがヘラクレイトスのふるまいを通じて説いたかまどの意味に近い。かまどがある場所は「親しんだ馴染み」の場所であり、日本人の家同様に、くつろぐことができる場所だからである。

また、宗教学者のミルセア・エリアーデは、人間の生活空間には、聖なる中心があると指摘している(Eliade 1969)。具体的にエリアーデが挙げているのは、ハイデッガーが取り上げたかまどや家ではなく、神々が宿る山、寺院や王宮である。また、メッカやバチカンに代表される聖都では、都市全体が聖なる中心となり、巡礼者が常時訪れるようになる。山や寺院、王宮などの場所が中心となるのは、そこが天、地、闇が交わる場所と考えられているからである。中心は、闇の世界、祖先や神々が棲む世界とつながっていると見なされる。そこでは、生きている者が、神々や祖先の霊と象徴的に交流することができる。ただ、ここでエリアーデが強調したかったのは、住むという営みは、単に物理的にある場所に存在するだけではなく、住まいに意味づけされる必要がある点である。

ハイデッガーや和辻、そしてエリアーデが俎上に乗せた居場所の問題は、ハイデッガーの影響を受けた現象学的地理学や、景観の存在を視野に入れたコミュニティ論にも受け継がれている。地理学者のレルフは、ハイデッガーの所論に基づきながら、「住まい」とはアイデンティティの基礎であり、ひとびとは場所への愛着と、愛着があるがゆえに、場所への「つつしみ」をもつという (Relph 1975 = 1999:

103-107)。また、人間関係のありかたにのみ焦点を当ててきた社会学に関して、批判的な社会学者の一人であるジョン・アーリも、ハイデッガーの「住まう」とは、安らぎ、くつろぐ場所に身をおくことだとして、住まうことの重要性に着目している(Urry 2000 = 2006: 231-234)。

このように、本来場所とは生活の場であり、同時に憩いの場でもあるという認識に基づきながら、近代社会においては、場所への帰属感覚が脅かされていると批判的にとらえるのが、ハイデッガー以来の場所に関する議論の特徴である。憩いの場所の喪失、すなわち故郷喪失の危機である(4)。スローターダイクは、ひとたび大気が調整可能になると、場所と共感的な関係をふたたび取り結ぶことは不可能であり、それどころか「エア・デザイン」を通じて積極的に心地よい「空気」をつくり出すようになるという。

エア・デザインとはまず、心地よい香りを人工的につくり出すことで、購買意欲を高めることに用いられる。ショッピングモールやホテル、健康施設などで、空気が化学的にデザインされるのである。ひとたび故郷が失われると、それを取り戻すことはできない。化学化は、不可逆的に風景を脱中心化していく。もちろん、化学化は自然の空気に包まれた田園の破壊をすべて説明するものではない。スローターダイクは、大気に対する「テロリズム」は、化学戦から始まるものの、広島と長崎への原爆投下は、「放射線テロリズム的次元への移行の可能性を開示した」という。それは化学戦に加えて、核戦争の可能性を指し示すものだった。つまり、化学だけではなく、核物理学などの物理学的次元においても、生活環境は制御されるようになった。ただ化学化は、核の利用のような物理学的介入よりも、脱中心化する風景の拡がりと消費社会の進展を推し進めるうえで、大きな役割を果たしている。なぜなら、化学化こそが、大量消費を可能にしたからである。

3　水俣

水俣病患者の苦難

一九六〇年代に、化学化を通じて衣食住のすべてのレベルで、大きな変化が見られた。化学化を進めるうえで非常に大きな役割を果たしたのが、チッソによる合成素材の開発である。水俣病患者の支援団体であった相思社の水俣病考証館に行くと、チッソの製品を原料としたさまざまな製品が展示されている。それは高度成長期に商品化されたものであり、チッソがいかに日本経済の成長に関わったかがよくわかる。また、チッソ株式会社水俣本部による「工場案内」（一九九八年版）には、「高度合成肥料と塩化ビニール樹脂は、当社が業界の草分けで」あると記述されている。

そもそも、水俣がチッソを誘致して以来、この地域はほかに先がけて、大きな風景の変容を経験している。すでに一九〇八（明治四一）年にはカーバイド工場が操業を開始し、日本でいち早く化学工業を推進していった。ただ同時に、農林業や漁業に携わる者が多く存在したことは、言うまでもない。工場が造られる以前の山、里、海の共存関係は（おそらく、異なる生業のあいだにおける格差も孕みながら）持続していた。

チッソ水俣工場は、一九四一年に日本で初めてポリ塩化ビニルの工業生産に成功し（宇井 1985: 101）、一九五〇年代には、その市場において圧倒的に優位に立っていた。しかしその過程で、水俣病を生み出すことになった。水俣病は、チッソがプラスチックの可塑剤原料であるアセトアルデヒドの生産工程で生成されるメチル水銀を不知火海に排出したことから、引き起こされたものである。それは、化学工業の原料が石油に変わることによって、一九六八年にアセトアルデヒド製造が停止されるまで続いた。しかも、一九五九年に一部患者とチッソのあいだで「見舞金契約」が取り交わされた後、一九六八年に政府が水俣病を公害と認定するまで、行政レベルでは「終わったもの」（水俣病患者審査協議会）とされていた。

しかし、水俣病の犠牲者の多くにとっては、ここからが苦難の始まりだった。この点に関して、佐々木清澄氏は次のように言う。

魚は獲れるんだけども、食べないの。誰も。買わない。組合がもう。商店街が全部戸を閉めて、鮮魚、魚を売る店が一軒もない。ここだけじゃないんだよ、別に。水俣はもちろん、ここの沿岸では誰一人として漁に出る人いなくなったんや。もう食べないもん、みんなが。自分、われわれとしても食べない。だから、あんた、どうやって、漁で生計をやっていくか。大変な境遇に陥ってしまった。とてもじゃないけど、生活ができない。何よりも、わし自身も関節や何やら痛みだして、船に乗ったらふらつく。もうとてもじゃないけども、わし自身も、もうそういうすごい影響が出始めた。（……）内海の魚言うたらみんなわかるから、外海で獲れる魚をこちらに持ってきて、したらみなが買ってくれるやろう、食べてくれるやろうと。もちろん食べよったから。（……）それ（外海の魚）をこっちに持ってきて、売り始めたんや。ところが、まったくわれわれが頭下げて買ってくださいい言うても、言うてしたことがないやろ。もう魚は自分で獲ったのは、もうみんなが頭下げて買いに来よったから。買うてくださいと言うことしたことない。そういう商いのこと、まったく経験がない。だからあんた、儲かるはずがない(5)。

奇病の噂が立ち、不知火海の魚が売れなくなると、みずから市場で魚を売る者が出てくる。しかし、それはうまくはいかない。佐々木氏は、「親父は、飲んだ勢いで、もうどんどんどん、(売り物の魚を)くれてしまいよるや」と言う。佐々木氏は、一九六〇年に妻とこども二人を連れて北九州に行き、「サラリーマン」になる。佐々木氏と同じように、一九六〇年を境に大阪や名古屋に働きにいった漁民は数多い。

一九六〇年代に進められた開発は、さまざまなタイプの移動を誘発する。まず、資本主義的生産に対して周辺的な産業(農林業、漁業、鉱業や各種の自営業)を解体し、解体された産業に従事していた者の移動を促す。移動を余儀なくされたひとびとは、新たな土地で生活を始めなければならなかった。同時に、家族や地域の解体も始まる。これも、水俣の人々の声に典型的に表われている。佐々木氏の証言に戻ろう。佐々木氏は次の点を強調する。

地域の破壊、これ。環境破壊とか自然破壊よりも、人間自体の破壊。これがいっちばん苦しいわ。いちばんこれ。これ、水俣病は。それも。それもね。例えば、ひとつの、一家庭の、家庭の中でさえでも、二つに分かれたような破壊のされ方がある。どうしてかて、わかるやろ。同じね、あの当時、魚を、大きな鍋いっぱい炊いて、その鍋のものをみんなで、家族がつきあって食べる、近所のもんも呼んで食べる。食べて汚染された魚をどんどん。一つの鍋、つきあって。ところが、こんだ、患者認定制度ゆう制度ができて、どんどん申請を、勇気を出してして、検診を受けて、で審査会にかかったら、こどもば認定して親ば認定しない。保留棄却。親は認定してこどもは認定しない。そればっかりある。一家族、全員認定されたところもある。そういうところ、六人か七人。同じところの地域で。名前言わないけども。な。そういうような、差別的なようなことを行政やりはじめたわけだ。症状はあるんよ、みんな。それなのに、認定しない。保留。棄却。もう保留になった人、多い人は五回も六回も審査会にかかって保留保留。実際的に症状が見えておっても。させない、認定を、国が。認定する段階で、させない。だから昔は、同じ巾着網のあるころは、一網で三〇人くらい入れよったから、それがここにはいっぱいあった。もう、みんながもう助け合って、そう、分け合って生活してきよった。ところが、この水俣病の、この件で、もう人間関係がもうめちゃくちゃになってしまった。同じ患者同士で。地域の破滅。これが。とてもじゃない。対話が、もう、途絶えてしまった。要するに人間関係がもうめちゃくちゃや。ああ。それも、血を引いた身内の中でさえでもそうなってしまった。

佐々木氏の証言から、チッソによる環境破壊は、二つの暴力の行使を意味することがわかる。一つは、環境破壊が生み出す身体への直接的な暴力である。もう一つは、水俣病患者とその家族が被る社会的暴力である。有機水銀中毒による人的被害という直接の水俣病被害に加えて、漁業の解体や、行政の意思決定による家族の解体あるいは地域からの排除という一種の二次被害があったのである。それは、まさにハイデッガーの言う居場所、和辻の言う風土が、化学化によって一気に失われていく過程であった。佐々木氏は、家族や近所のひとびとと鍋を囲むというごく日常的な光景が消滅してしまったことを指摘している。

高度成長期と重なるほぼ十年間のあいだ、水俣病があたかも存在しないかのように扱われ、多くの犠牲者を出すことになったのは、けっして偶然ではない。アセトアルデヒドの生産は、化学化の推進に不可欠であり、単に一企業の利潤追求の結果ではなく、日本社会が開発によって大きく変わろうとする時代の推進力となった。しかし、その過程で生じる暴力の被害の可視化が、国家と開発を推進する企業が最も怖れる事態だったのである。開発時に優遇される業種と企業がある一方で、開発には役に立たない、もしくは邪魔になるような存在は、排除される。そしてそれは、事実として認知されてはならない。排除された存在は、不可視のままに留められておく必要がある。

公害認定による分断

一九六八年に政府が水俣病を公害として認定した後になっても、チッソはなかなか責任を認めなかった。「ゆがめられたマスコミの報道―水俣病補償問題の真相」という記事で、当時社長だった島田賢一は、次のように語っている。

三十四年十月以来、水銀をふくむ排水は一切、海に流さない方法をとってきました。（中略）したがって、このときの再補償要求は、いうなれば古傷をほじくりかえされたようなものですよ（『実業の日本』一九七一年一二月号)。

この発言が虚偽に満ちていることは、実際には一九六八年の政府見解発表を受け、アセトアルデヒドの生産停止を決定するまで、チッソが工場排水を垂れ流していた事実から今日明らかになっている。しかもその後チッソは、一九七二年に「水俣病問題の一五年」という冊子を社員に配布し、そこでも水俣病の原因を工場排水ではなく、水俣地区で使われ始めたセレサン石灰を含む農薬のせいではないかと主張している。

また、チッソで働く者にとっても、公害の被害を公にすることは困難を伴った。それは、チッソの第一組合に所属し、水俣病患者を支援していた山下善寛氏の証言に明らかである。山下氏は中学を卒業後、一九五六年にチッソに入社している。チッソが製造過程において有機水銀を生み出し、それを廃水として流していた事実を知った経緯について、山下氏は次のように語っている。

はじめ魚介類のサンプルを乾燥して送ったりするというようなことをやってましたけど、後から毛髪水銀から魚介類の水銀分析、それから猫やネズミの内臓の水銀分析とかそういうことで、実際水俣病関係にタッチしたんです。東大の薬学部を出たIさんという人が私たちの上にいて実験をやっていて、有機水銀を抽出したんです。その時に「やっぱりそうだ」という感じで、チッソが(水俣病を引き起こしている)動かない証拠だという確証を得たんです。それを言ってしまうと、就業規則で企業秘密を漏らした者は解雇処分というのがあったので、私は言えなかったんです。私だけじゃなくて、その実験を担当していた人とか、実際現場で廃液なんかを流していた人たちもそういったことを感じたと思いますけど、それを言ってしまうと解雇になるということで言えなかったんですよ。

昭和三七年の安定賃金闘争という賃金問題の闘争で一八三日のストライキをしたんですけど、そういう闘いを経験してなかったら、私もおそらく、知ってても黙っていたかもしれません。しかしその闘いの中で労働者はどうあるべきかとか人間としてどう生きるべきかとか、真実は真実としてやっぱり明らかにしなければならないのではないかという感じでいたんです。安賃闘争の時に「水俣病問題が解決できたら闘争は一発で解決するんだけど」という話をされた人がいたんです。「ああそうかな」というくらいの気持ちでいたんです。だけど外でやってる闘いだけじゃなくて、工場の中に入って会社のいろんな差別とかいやがらせを受けて、これはやっぱりはっきりさせるべきだというふうに思った時に、水俣病市民対策会議で新潟の方から交流に来られたんです。その時に、チッソで働いている人たちを誰か紹介してもらえないかということで、市民会議の事務局の松本さんあたりに相談があったみたいで、「山下さん、誰かおらんか」ということで、その時新潟の弁護団とチッソの労働者の何人かで話をしたんです。

その時は、はっきり「チッソに間違いありません、私は見ました」と言えませんでした。「新潟は昭電だと思います、水俣病もチッソじゃないかと思います、いろいろがんばってって下さい」という言い方だったと思います。そういったことをやったり、実際新潟から弁護士が来られて工場内の検証があった時は、組合に「新潟から調査に来るっちゅうけん、あそこを消して溝ば改造したばい、今までのと違うばい、それにコンクリを入れたばい。しかしその下にはいっぱい水銀があるばい」っていう情報が入ってくるんです。だから裁判官も来てる時に、そこをツルハシで掘ったら水銀がドロドロ出て来たんですね。それから裁判へ一緒に傍聴に行ったりとか、研究会に参加したり、実際患者さんの陳述書を作ったり、そういうことをしていきました。

元々は工場内で実験に携わっていたのだから、もう少し早く、クビになってもいいから告発していたら、もっと違った形になっていたかもしれませんが、それができなかったんです。実情を知っているということだけでは、チッソに対して「責任をとれ」だとか「水俣病問題をやるべきだ」という思いにはならなかったと思いますね、正直なところ。それから組合の執行部とか自分自身も差別を受けて「水俣病問題をやるからあんたはクビになりかけなんだ」とか「自宅待機だ」とか言われたりしました。裁判で勝って工場に入っても、全然仕事を与えてもらえないとか、別室に隔離されていたり。

チッソの労働者として働きながら、水俣病の原因がチッソの廃水にあることを理解した山下氏は、それでも、すぐにこの事実をチッソ外部のひとびとに公表することは躊躇した。それは水俣病患者と、チッソの労働者をはじめとする水俣市民のあいだに深い溝があったからである。

チッソは一九五九年に「見舞金契約」と称して、水俣病の事実を永久に封印しようとしたが、水俣ではこのチッソの態度が批判されず、反対に水俣病患者とその家族の方が「金目当て」で動いていると長年言われ続けた。次のような声が、その典型である。

言いさかすれば（言いつのれば何か）出る、言いさかすれば自分たちの話が通るんだというような、そんな今の世の中の体系ちゅうかな、言わない人たちは真面目にコツコツ、コツコツやっていて……。
（中略）
死んだ人までですたい、「認定してくれっち」ねえ、言うとったですから。いやらしい。やっぱり金、金でしょうね。金だと思います（「私にとっての水俣病」編集委員会 2000: 50）。

これは一九九五年、水俣病の未認定患者とチッソとのあいだで、政治的に和解が成立し、政治解決一時金が支払われたことをさす。これに限らず、水俣病患者が必要以上の補償金を得ているという批判が、少なくとも二〇〇〇年の時点で水俣市民のなかに存在していた。

チッソの過剰な生産志向が、環境と人体の破壊を生んでいたにもかかわらず、チッソに対するクレームは、「真面目にコツコツや」らない反倫理的な行為と見なされてしまう。それは、クレームが生産労働の対価ではない収入を得ようとする行為に見えるからである。生産に従事して得た収入だけが価値があり、それ以外の収入は「不労所得」だという考え方と結びついてしまうのである。

こうした状況で、実際に水俣病に認定されるとどのような境遇が待っているかは、明らかであろう。たとえば、水俣市茂道の網元だった杉本進は、一九六二年に水俣病患者に認定される。しかしそれは、杉本が望んでいたことではなかった。水俣病に認定されれば地域内部で排除されることを、杉本はよく知っていたからである。事実、杉本の元には網子も来なくなって、網を繕っていると石が飛んできたりしたという（宮澤 1997: 336）。

また、水俣病患者の家族がいるこどもは、いじめの対象となった。胎児性水俣病患者を妹にもつ女性は、次のように語る。

（小学校まで）やっぱりこどもの足じゃ、歩いて一時間くらいかかったですね。普通はいいんですけど、雨降った日が一番大変でした。もう歩かないんですよ。途中から歩かないでもう地面に座ってしまってですね、もう動かなくなるもんだから鞄も二人分かつがなきゃいけないし、傘も二人分持たなきゃいかん。妹も動かないからおぶっていくでしょ、もう学校に着いた時は頭からびっしょ濡れですよ、二人とも。もう情けないね。……（中略）

やっぱり行き帰りのなかで、こう見たままを小学校の子らは言っていじめるんですよね、やっぱりこう。なんか「ばか」とかですね、で「通せんばっこ」ってから手をつないで行かせないってしたりですね、石ぶつけられたりしたこともあったしですね、後ろからくっついて来とってからいじわるなことを、口汚いことを言われたりですね、本当悲しい思いはありましたけどね（下唐湊千里氏からの聞き取り）。

たとえ重症であっても、水俣病であることを隠すひとびとが数多くいた。それは、ひとたび水俣病患者に認定されると、地域から排除される運命が待っていたからである。

水俣病の経験が示しているのは、開発による空間の変容を通じて、社会そのものが変容し、その過程で暴力が噴出するという事実である。水俣病の場合、暴力の被害者は汚染された魚を食べた者であり、被害地域はおおむね特定できる。特定できるからこそ、国家も含めて水俣病患者の可視化を防ぐ政治工作が行われたのである。

4　消費の時間原則

出水市のいじめ自殺事件

水俣病の範囲は、水俣市が位置する熊本県を超え、南の鹿児島県出水市にまで拡がっている。出水市で漁港のある米ノ津も、水俣病の被害者が出ている。

出水には一九四三年に出水海軍航空隊がおかれ、一九四五年三月から特攻隊が発進する基地となった。出水を舞台に出撃前の特攻兵を描いた阿川弘之の『雲の墓標』（1958）には、「麦のみのり、九州の子供たちの陽に焦げた元気なはだしの姿、あかるい海。米の津は、むかしはこの辺一帯の平野の米の積出港として栄えたところだそうだが、今は小漁港で、上等の車海老が獲れるところだ」と描写されている。

一九五四年、米ノ津町と出水町が合併して出水市となった。出水市が工業化したのは、一九六三年の積水化学の進出がきっかけであり、相次いでいくつかの企業が進出した。また、一九八四年に松尾工業団地の造成が完了し、一九八八年に企業進出が本格化して、同時期に別の工業団地の造成も決定した。チッソが支配していた隣の水俣市とは反対に、出水市では高度成長期以降に工業化が加速化したのである。漁港だった米ノ津の風景は、脱中心化した。米ノ津には漁港は残っているが、漁村の近くにはしだいに工場や住宅地が造成され、そこには阿川弘之が描写した光景とは異なる風景が生まれている。

米ノ津では、一九九四年一〇月にいじめ自殺が起こっている。読売新聞によれば、「昨年十月、鹿児島県出水市立米ノ津中（藤野徹校長）の三年船島洋一君（当時十四歳）が自殺する事件があ」ったと伝えている（読売新聞一九九五年七月一四日付）。

洋一君は同年一〇月二九日夜、自宅の庭で木の枝にロープをかけて首をつって死亡しているのが見つかった。遺書はなかった。同署は「自殺の動機は不明」とし、同校は「洋一君に対するいじめはなかった」としていた。

両親は自殺の原因に心当たりがないため、翌年四月、同学年だった卒業生一九三人全員に返信用封筒を同封してアンケートを実施、約六〇通から返信があった。うち一四通に「ほうきで頭やおしりをたたかれていた」「ぞうきんを顔に投げつけられていた」「みんなからいじめられていた」などの回答があったという。また、洋一君の父親は、「亡くなった年とその前の年の出納帳で、わかっているだけで二十万円ぐらいなくなって」おり、「うちの洋一は（お金を）しょっちゅう持っていかされた」（鎌田 1996: 92）という。

風景が変容する時間

出水市においても脱中心化する風景が現出し、そこに新たなタイプの暴力が生まれる。その一つが中学校におけるいじめであることは、本書で見てきた通りである。それは、水俣病のように化学化の過程で生み出された廃棄物による直接の被害ではない。水俣病のような身体を壊していく病による死と、みずから死を選ぶ自殺では、当然のことながら死の原因は異なる。また、水俣病の被害の規模の大きさは想像を絶するものであり、被害の全貌はまだ明らかにされたとはいえない。

いじめ自殺の場合には、空間的に暴力が行使された場所を特定できるわけではない。一見、いじめ自殺は空間と関わりがあるようには見えない。あくまでも自殺するのは個人であり、いじめ自殺は個別的な事件として扱われる。つまり、いじめのような暴力は、直接の加害者と被害者の個別的な人間関係を越えて、社会学的にその問題性をとらえることが難しいのである。

しかし、本書でこれまで見てきたように、いじめ自殺は空間の変容と深く関わっており、いじめ自殺が起こりやすい風景が存在する。本書で明らかになったのは、開発が始まった年からいじめ自殺が起こった年まで、時間の経過があるという点である。工場、高層の集合住宅、高級住宅地、観光施設など、新たな建物の建設は、風景を変容させる。それは地域内部に異質な空間を生み、それまで存在していた風景を解体するものである。

29件のいじめ自殺が起こった地域で、開発が開始された年を特定し、その年から何年後にいじめ自殺が起こっているかを見てみよう（図2）。まず、断っておかなければならないのは、これはあくまで参考にすぎないという点である。なぜなら、開発開始の基準をどこにおくかが、きわめて難しいからである。開発計画、工事着工、完成、分譲開始、分譲終了のいずれにするのか、また、国土計画などの開発政策による指定（たとえば新産業都市指定）とするのかによって、開発開始年は変わってくる。また、工業団地の造成と住宅団地の造成、商業施設の建設は、時期が異なる。一つの地域で、これらの開発のうち、いずれを開発開始時期にするのかによっても、開発開始年は変わる。地域によって事情が異なるので、そもそも一つの基準に基づいて、開発開始年を特定するのは不可能である。

したがって、地域それぞれに関して、地域が変容するうえで最も重要だったと思われる意思決定もし

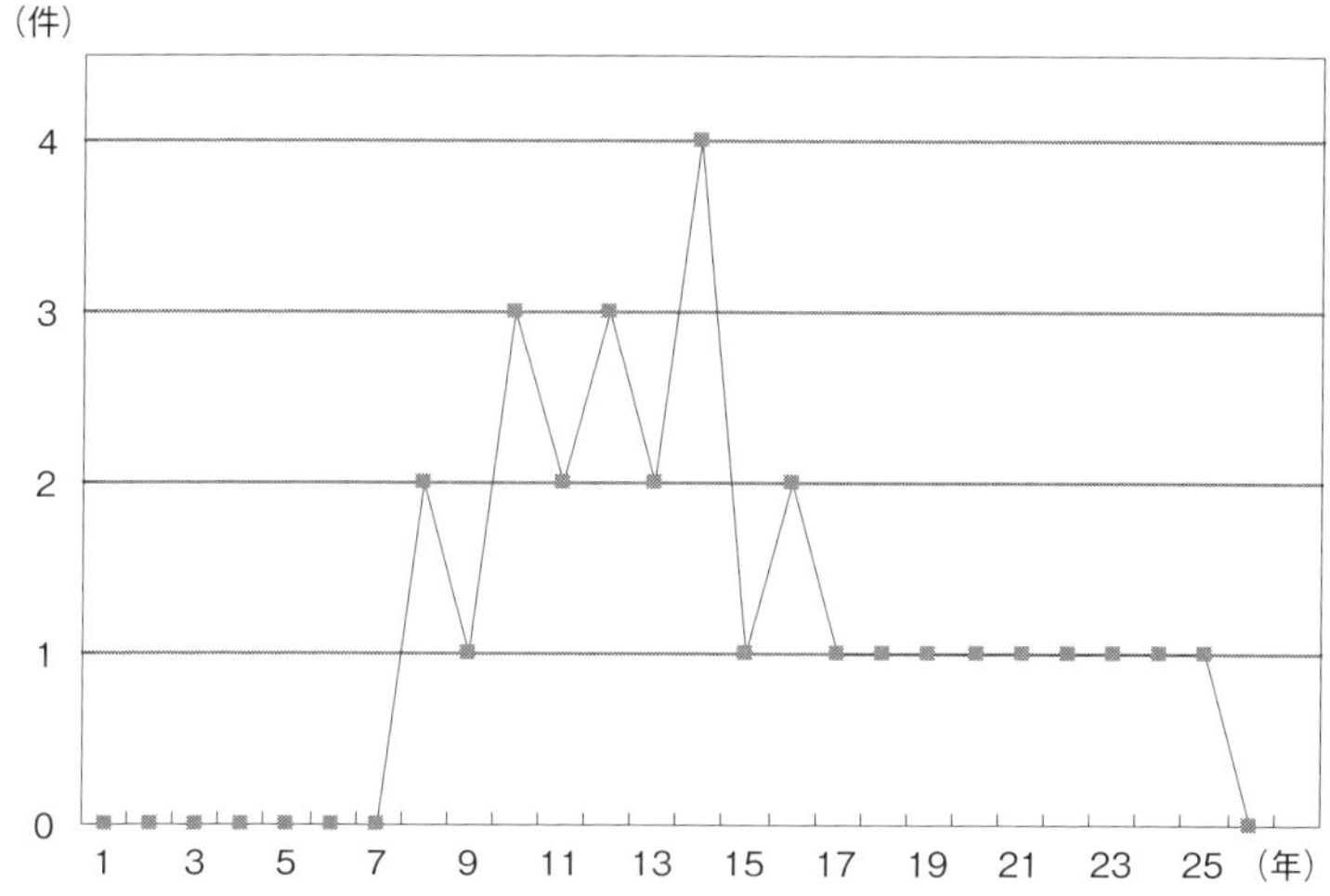

図2　開発の開始からいじめ自殺までの時間差

くはできごとを、研究者の判断に基づいて選択し、開発開始年を決めるほかない。ここでは、地域の住民が地域外に意識を注ぎ、また、外部から多くのひとびとが入り込む契機となった政治、行政上の決定やできごとを選び、それに該当する決定的な要因が見当たらない場合は、人口変動のような間接的な要因を手がかりに、開発開始に相当すると考えられる年を決めている(6)。

以上のような基準に基づき、開発開始からいじめ自殺が起こった年までを計算すると、平均して14・8年経過していることがわかる。最も早くいじめ自殺が起こった事例でも8年が経過しており、開発開始から一定の期間が経って、初めていじめ自殺が起こるということだけは明らかである。

開発開始前後に生まれたこどもは、すでに脱中心化しつつある風景のなかにいる。したがって、大別して、二つの異なる〈空間記号〉群のあいだで発育していくことになる。二つの空間記号群とは、自然素材中心の建築物と合成素材中心の建築物の二つのタイプである。このうち、合成素材の建物が多くなる過程のなかで、こどもたちは成長していく。

すでに見たように、合成素材中心の空間記号が「美しい」という美的判断基準が、しだいに浸透する。風景は二つのタイプに分類され、その一方だけが評価されるようになる。肯定的に評価される空間記号群は、一九七〇年前後から始まる開発によって生まれている。それは、地域内に異質な空間を構成している。異質な空間とは、具体的には外部に関わりをもつ空間である。工場は地場産業ではなく、地域外から移転してきている。団地の住民は外部からやってきた新住民であり、職場も地域外にあるか、または、新たに移転してきた工場で働いている場合が多い。観光施設は言うまでもなく、地域外から訪れる観光客のための施設である。一言でいえば、地域内に他者が定住もしくは観光客のように通過するようになったことが、大きな変化なのである。

こうした過程で育つこども、特に思春期にある少年少女は、しだいに二つのかたちで社会的に位置づけられるようになる。一つは学校に通う生徒、小中高生という位置づけである。しかし一方で、少年少女は、別の顔を持つようになる。それは、消費者としての顔である。新たに建設されたゲームセンターやカラオケボックス、コンビニエンスストアでは、おとな同様に客として遇される。これは、こどもの世界に金銭が入り込んできたことを意味する。これは、こども同士のあいだで行われる遊びに変化を生む。地域内において学校という既成施設の場所と、外部に通じる消費の場所は、相容れない。学校は生活に多くの規制を設けるのに対して、消費の場所では同様の規制は存在しない。こどもは二つの異なる空間のなかで、二つの異なる待遇を受ける。一方では、「中学生らしさ」が求められ、一方では、おとな同様の自由が許される。

こうした状況に対して、中学生は大別して二つの態度をとる。一つは、学校の規律に従い、地域内に新たに生まれた消費空間に足を踏み入れることには、慎重な態度である。もう一つは、積極的に消費空間に参入する態度で、学校はこうした態度には否定的である。いずれにせよ、こどもも単に学校に通うだけではなく、消費者としてふるまわざるをえない場面が増加していることは明らかである。

学校の規律は、生産の規律と結びついている。決められた時間割のなかで授業を受け、「勤勉」の道徳を身につける。それは、資本主義的労働に不可欠である。資本主義システムにおける労働は、決められた時間内で、どれだけ商品を生産できるかにかかっており、そのためには、労働者は効率よく働くことが求められる。それは、誰にでもすぐにできるような行為ではない。そこで、まず資本主義的生産に従事できるように、学校でこどもを訓練するのである。学校においても、企業においても、一定の成果が上がるまで努力を怠らないことが要求される。また、成果は一定の期間内で上げなければならない。限定された期間内で、要求された成果を上げることが、資本主義的生産における時間原則である。

これに対して生産者は、消費者ができるだけ早く、大量に消費することを望む。クレジット、ローンが発達したのも、消費者が欲しい商品をすぐに手に入れることができるようにするためである。これは、明確に定められた期限までに成果を上げる、生産における時間原則とは異なる。生産においては、未来に目標がおかれているため、未来は現在から直線的に拡がっている。ところが消費においては、未来を現在に引き寄せ、未来を現実のなかに実現させてしまう。

住宅ローンによる住宅の購入は、その典型である(7)。住宅ローンの場合は、銀行が審査して返済期間を設ける。一定の期間内で、定期的に返済が行われなければならない。これはむしろ、生産の時間原則に則っているようにみえる。しかし、投資の対象としての住宅や土地の商品化が加速化し、住宅ローンもしだいに審査の基準が緩和される。貨幣流通量の余剰が、通常の商品生産とは異なる自律的な動きを示し、住宅や株投資に向かう。貨幣が貨幣を生む運動を始めるのである。

こどもの場合、未来を現在に引き寄せるという消費の時間原則だけに縛られやすい。なぜなら、職業に従事している者、いわゆる「おとな」とは異なり、こどもは純粋な消費者だからである。こどもは、消費社会における理想的な行為主体であるといってもよい。労働者は生産に関わっているのに対して、こどもは生産には関わることがない。あるいは、こどもはおとなのなかでも、失業者や非正規労働者に近い存在であるといってもよい。彼らは失業しても、消費はせざるをえないからである。バウマンは、非正規労働者のように標準的な消費ができない者を「不完全な消費者」と呼ぶが、非正規労働者だけではなく、こどものように生産と直接関わらない存在の方が、より完全な消費者に近づくのである。

また、ゲームセンターやカラオケボックスでは、こどももおとな同様の顧客として扱われる。こうした消費の場は、匿名性を保証する。個人であれ、少人数の集団であれ、消費の場所は原則として、そこに参入しようとする者の社会的な存在証明を要求しない。また、どのような社会的地位にいるかも問題にしない。商品の購入に必要な金銭を持っていれば、消費の場所に参入できるし、ウィンドーショッピングということばに示されるように、買うつもりがなくとも消費の場所に立ち入ることは可能である。

消費の時間原則だけに縛られるようになると、「現在」においてすぐに欲望を実現できない場合、暴力を用いてでも、その欲望をかなえようとする。それが、いじめにつながるのである。それでは、なぜ暴力の被害者が自殺してしまうのか。この点を理解するために、再度消費社会について考えてみよう。

5　かわいい秩序

記号の消費

高度消費社会では、消費と消費を成立させている文化が、人間の生存において不可欠なものとなる。しばしば「サブカルチャー」などと呼ばれる文化事象は、けっしてサブ＝副次的なものではなく、消費社会には欠かすことができない。

消費文化を支える価値を考えるうえで、もう一度、先に引用したブログに注目してみよう。青年は、「帽子もかわいいのを2つゲト」と記述し、三八〇円ショップで帽子を二個買ったことを報告している。ここで、青年が用いている「かわいい」という形容詞に特に着目する必要がある。というのは、かわいいという形容詞が、日本に限らず、高度消費社会一般を理解するうえで重要なことばだからである。それは、「新しい」「きれい」に続く、消費社会の美意識を構成する三つめの判断軸となる。

事実、〈かわいい〉ということばが用いられるのは、もはや日本だけではない。フランスにおいても、c'est kawaii という表現は可能である。フランス人のブログには、kawaiimania と命名されているものがあるほどで、実際にフランスにおける kawaiimania（と呼べるようなかわいいもの好き）の数は増加しているであろう。

フランス語版ウィキペディアの kawaii の項目では、「西欧人から見れば、かわいいと形容されるもの

（le kawaii）のなかには、首を傾げるようなものがある。日本人は、このことばをこのような場面でも使うのかというぐらいさまざまなところで使用するからである」と説明されており、フランス語のmignonや英語のcuteのようなことばが指し示すより、はるかに広い意味内容に用いられる点が指摘されている。

かわいいの大きな特徴は、「キモかわいい」「ブスかわいい」のように、反対の意味をもつことばを包含していく点である。かわいいには、反対語が存在しないのである。そして、反対語がないかわいいはあらゆるヒト、モノの形容詞になりうる。

しかし同時に、かわいいと一言発するだけで、あらゆる批判の可能性は絶たれ、かわいいということばが構築する磁場のなかで微笑まざるをえないような状況をつくり出す。この点で、かわいいは一見無垢に見えながら、そうであるがゆえの権力効果を発揮する。事実、反対語が存在しないのは、かわいいということばが、あらゆる対立軸を無にする効果があることを示している。恣意的に選ばれたかわいいものは、それが恣意的な選択であったかどうかという疑問を付されることなく、かわいいものとして認証される。それによって、あらゆる暴力的抵抗を封印しているようにみえる。

初めて本格的に「かわいい」を論じた四方田犬彦は、『「かわいい」論』（2006）の最後で、ポーランドのオシュフェンチムの強制収容所の部屋の壁に、「かわいい」二匹の子猫やこどもたちの絵が描かれている点に注目する。四方田はこの絵を、「それ（残虐行為）が、円滑に進行するように、加害者の側からその無垢にして純真な似姿を犠牲者にむけて差し出」しているのだという。四方田の指摘は、かわいいが孕む権力を剔出している。

少なくとも、かわいいということばがある種の麻酔効果を及ぼすことだけは、たしかである。それは、時間感覚を麻痺させる。それは、未来への希望をもつことを封印する。四方田が言うように、かわいい子猫やこどもたちの絵が麻酔効果を及ぼし、強制収容所では未来への希望をもつことを断念させられるのかもしれない。死を待つだけの未来そのものが、畏怖の対象となるのである。

しかし、かわいいものの奥底には不気味な力が潜んでいることを強調するだけでは、かわいいという形容詞が現代社会においてもつ意味を十分にとらえたとはいえない。かわいいは、「キモかわいい」や「ブスかわいい」、また「カッコかわいい」（カッコいいけどかわいい）のように、あらゆるものをかわいいという磁場のなかに取り込むことで、多様性を包摂する方向性に向かうこともあるからである。子猫やこどもだけではなく、ライオンや高齢者もかわいい。いかなるものであっても、かわいいと評価される可能性はあるのである。「かわいいの下における平等」が存在するといってもいい。一見取るに足らぬものでさえ、かわいいものになりうるのである。フランス語版ウィキペディアでは、行政や自衛隊のポスターにまで、アニメのキャラクターのようなかわいい表現が見られる点について、奇妙な現象であると書かれている。

かわいいということばは、女子若年層が頻繁に利用し、広まっていったものである。仮に、かわいいが多様性を包摂する論理を内包し、国家組織の内部にまでそれが浸透しつつあるとすれば、それは、知識人や国家などがもち出してくる「共生」のような価値とは、その性格を異にしている。

かわいいという形容詞は、消費社会の進展とともに浸透している。ジャン・ボードリヤールは、消費社会において商品が欲求を満たすものではなくなり、記号と化してしまう点を指摘した（Baudrillard

1970＝1979)。商品は記号体系を構成するだけであり、商品の現実的な実体や特性はもはや存在しない。消費社会は自動的に、現実を参照することのない記号体系のなかで、新たな商品記号を生み続ける。消費者が消費するのは、現実からかけ離れた記号にすぎないのである。これは一見わかりにくい議論であるが、ハローキティのキャラクターグッズはその典型であろう。消費者は、次から次へと生み出されるキティグッズ＝記号を消費するのである。

ただし、記号の消費といっても、まったく無意味なものをわざわざ消費するはずがない。記号を読み取るコードが、消費には必要なのである。また、消費はさまざまな「文化」と結びついている。この文化は国民国家と結びついていないため、国境を越えて至るところに拡がる。消費行動のための文化コードは、国家とはまったく別のところで生成しているのである。したがって、ある国家に固有の規範を身につけていなくとも、消費文化のコードは体得可能であるし、また消費社会を生き抜くためにはそれは不可欠でさえある。つまり、消費はより深く人間の実存に関わっている。いかに消費するべきかという問いは、いかに生きるべきかという問いに直結するのである。商品の記号体系が構築されていくなかで、しだいに女性の美的判断基準であったかわいいが、記号体系を支えるコードとなり、消費社会そのものを確立させていったのである（荻野 2009: 68-70）。

かわいいは、商品としてのモノとヒトの関係を構築しながら、秩序を生み出す。しかし、このかわいい秩序は、すべての秩序維持がそうであるように、暴力の噴出を押さえ込んでいる。「かわいがる」には、暴力を行使するという意味がある。また、「ブスかわいい」や「キモかわいい」から「かわいい」を取り去れば、「ブス」「キモ（い）」だけが残る。こうしたことばがいじめにおいてしばしば使われることは、よく知られている。学校も、地域も、かわいい秩序を徹底すれば、暴力は封印されるであろう。教室をハローキティで飾ることを推奨すれば、いじめはなくなるかもしれない。しかし、学校の規律は別の価値に基づいている。スポーツなどのクラブ活動や運動会などの行事は、いずれもかわいさではなく、身体の鍛錬を通じて管理されている。また、授業や試験も同じように、身体の鍛錬を必要としており、それは生産の規律と結びついている。

死への感覚の消滅

中学生は、生産と消費という二つの異なる論理のあいだで揺れ動き、それが暴力を誘う。いじめ集団は、一方では消費に強い関心を示し、仲間内の特定の者から金銭を奪ってでも消費空間に参入しようとする。他方で、単独で特権的に消費しているようにみえる者を、学校の論理に基づいて「処罰」しようとする。

脱中心化する風景も同様に、生産と消費の二つの論理に分裂した世界の様相を映し出す。学校や工場のように生産の論理に基づく場所と、ゲームセンターやロードサイド店舗など消費の場所が混在しているからである。ただし、こうした風景のなかで、しだいに消費の場所の方が空間的に拡大していく。また、脱中心化する風景では、自然素材から成る風景のなかに、合成素材の空間記号が浸食していく。これは、自然素材の生命の世界に合成素材でできた壊れにくい世界が拡大していくことである。生命の流動性がしだいに感じられなくなり、消費空間における時間感覚を麻痺させる疑似ユートピアが拡がっていくのである。

消費空間は、死を感じさせない。死が感じられない世界で、生物と無生物の区別もあいまいになる。かわいいということばは、モノもヒトも形容できる。一九九四年に自殺した大河内君は、遺書のなかで次のように書いている。

僕はもうこの世からいません。お金もへる心配もありません。一人分食費がへりました(8)。

大河内君は「一人分食費がへりました」と、みずからの存在価値を「食費」で量っている。あたかも商品の一つであるかのように、みずからの価値を金銭で換算している。彼はいじめに対して抵抗しない。いじめられない未来が来るという期待と希望も抱くことができない。自殺という選択肢しか想像できないのは、彼自身が消費空間に足を踏み入れ、その時間原則に取り込まれてしまったからなのである。これは、いじめる側も同じである。「遊び感覚」で暴行できるのは、その相手をほとんどモノとしかとらえないからである。また、暴行がいかなる結果を生むかということに、考慮が至らないからである。いじめが起こる集団の成員は、死への感覚が麻痺してしまっているのである。

注

(1) また場合によっては、安全性も提供する。二四時間営業のコンビニの明かりが安全性の保証として認識されるのが、その一例である。

(2) 筆者がハイデッガー(Heidegger 1947 = 2008: 118-123)をもとにまとめている。

（3）和辻は、『風土』の序言で、ハイデッガーの『存在と時間』が、時間に比べて空間についての分析が不十分であり、「存在」をとらえるためには、空間も同時にとらえなくてはならないという問題意識から風土についての研究を行ったと記している（和辻 1999: 3-5）。この批判の有効性を含めてハイデッガーと和辻の哲学を比較研究した Liederbach（2001 = 2006）がある。

（4）ハイデッガーは、マルクスの疎外概念も、故郷喪失が「世界の運命」になったとの認識であると指摘する。

（5）二〇〇四年二月に佐々木氏に、二〇〇三年一二月に山下氏、下唐湊氏に聞き取り調査を行った。

（6）詳しくは、第4章一三九頁、表3参照。

（7）第5章一五九頁。

（8）第3章八九頁。

第7章　死の消滅

生命と死の意味

いじめ問題が論じられるとき、それは、集団内部の問題として扱われるのが通例である。しかし、少なくとも社会学的にこの問題を論じようとすれば、いじめが起こる集団を分析するだけでは不十分である。同様に、問題への対症療法を考えるだけではなく、より根本的に、近代社会において、生と死をいかにとらえていくべきかについての広範な議論が必要なのである。

もちろん、対症療法は必要である。本書で得られた知見を基にするだけでも、いくつかの問題解決への方向性を示すことは可能である。まず、学校において、教育内容をどうするべきか、教師はいかなる態度で生徒に臨むべきかという点について考えてみよう。

教師と生徒のあいだに信頼関係がない時に、生徒間、もしくは生徒対教師の暴力が生じる。こうした状況で、「いのちを大切に」とか「いじめをなくそう」などといっても、生徒にとってはいらぬ説教以上の意味をもたない。教師自身がどれほど信念をもって説いているかどうかわからない一般的な道徳は、信頼関係を構築するうえでは逆効果でさえある。むしろ、人間社会において、暴力はつねに発生する可能性があり、それをいかに制御するかが、社会を維持していくうえで重要である点を明確に伝えるべきなのである。

また、こどもが中学生であると同時に、消費者であることを十分に認識すべきである。公立学校の場合、校則によって、生徒の身なりや服装について、ときに過剰なほどの規制を行っている。しかし、現代においてこれほど逸脱した発想はない。あえていえば、高度消費社会の規範に反する、つまり社会の全体的規範に反する規制であるといってもいい。少なくとも、こどもが消費者であり、こどもも含めて消費の論理が強く社会に浸透していることを前提とした対応が必要である。

教育のありかたとは別に、開発の方向性自体を再考する必要がある。少子高齢社会の未来を考えると、高度成長期のような開発を今後進めていくことが無意味であることは疑いない。しかし、開発を推進する主体である企業や行政には、相変わらず過去の開発をモデルとする発想が根強い。それは工学的な発想であり、いかにインフラを整備するかにのみ、関心が注がれている。反対に、開発によって地域社会とそこで生きる人間がいかなる影響を受けるのかについては、ほとんど関心が向けられない。本書で見たように、開発は風景を変容させ、こどもに大きな影響を及ぼす。それも開発時ではなく、開発開始時に生まれたこどもが、中学生になる頃に現われるのである。つまり、開発という社会に大きな変化をもたらすできごとがどのような影響を及ぼすのかについて、一定期間（少なくとも二十年程度）観察を続けるべきなのである。

さらに、本書では取り上げなかったが、いじめはほとんどの場合、男子もしくは女子の集団で起こり、男女混成の集団では暴力は発生しにくい。単純に考えれば、男女混成の友人集団が増えれば、それだけ暴力の発生率が減るはずなのである。

ほかにもいくつか対症療法を考えることができるであろうが、より根本的な問題は、生命と死をどう考えるべきかという点にある。第6章で指摘したように、高度消費社会においては、死の意味が抽象的になり、また、死への感覚が麻痺してしまう傾向が強くなる。こうした消費空間の疑似ユートピアを徹底化していくのか。それとも、新たな生命と死の意味を社会的に生み出していくのかが、問われねばならないのである。

龍神祭

この問いは、つねに問われ続けなければならない。ただ、これに対する答えとは別に、最後に一つのエピソードに触れて本書を終えよう。それは、中国の竹園村《ジューユエンツン》という村の彝《イ》族の祭り（龍神祭）である（荻野 1996: 117-126）。竹園村は、ヴェトナム、ラオス、ミャンマーと国境を接する中国雲南省のほぼ中央に位置する新平県にある。新平県は、彝《イ》族傣《タイ》族自治県で、一九八七年の人口（23万8590人）のうち、彝《イ》族が46・8％、傣《タイ》族が15・7％を占めている（新平彝族傣族自治県志編纂委員会 1993: 97）。これに対して、漢族は、31・5％を占めるにすぎない。竹園村は彝《イ》族の村で、村の人口546人の90％が彝《イ》族である。ただ、村人たち自身は、みずからをニスー族と呼んでおり、これは、中国では「民族」の下位区分「支系」に相当する。彝《イ》族という呼称は、中国人民政府が一九五〇年代に行った「民族識別工作」に拠るものであり、政治的産物にすぎない。竹園村のひとびとにとって、本当に意味があるのは彝《イ》族という呼称ではなく、あくまでニスー族という自称であり、それが指し示す集団である。

新平県政府の所在地である新平までは、雲南省の中心都市昆明から車で最低一日かかる。竹園村に行くには、新平で一泊した後、劣悪な道路を走って老厰まで向かい、その後は道が雨でぬかるんでいることが多いため、ジープを利用するか、さもなければ歩かなければならない。このような条件の下では、よほどのことがない限り、新平県の外からわざわざ竹園村を訪れる者はいない(1)。

龍神祭と呼ばれる竹園村の祭りは、文化大革命以後、一九九六年に初めて本格的に再開された。以下に記述するのは、この時の様子である。祭りは三日間続くが、そのなかで最も重要なミカファについて、紹介することにしたい。

ミカファと呼ばれる祭り二日目の朝は、生け贄にされる黒豚の断末魔の叫び声から始まる。用意された六頭のうち五頭の豚が、朝早いうちに屠殺される。屠殺するのは村の成人男性で、彼らは嬉々として豚を殺していく。屠殺した豚は、いったん熱湯の中に入れ、体毛を削ぐ。その後、豚はミカファの舞台となる広場の一角に設けられた調理の場に運ばれ、きれいに捌かれる。豚を捌いて、腸、肝、肉、足等の部分ごとに芭蕉の葉の上に分け、大きな中華鍋で調理をするのも、村の成年男性である。女性は豚の屠殺から調理に至るまで、一切関わらない。

屠殺と並行して、広場の中心にある龍樹でミカファの準備が行われる。龍樹の両脇には、竹片三本に青竹、松の枝数本ずつの組み合わせを、片側に三六組、もう一つの側に四〇組用意し、土の中に差し込む。三六組が男性を、四〇組が女性を表わしている。また、ビモ(司祭)の一人は龍樹を飾るための鶏をかたどった細工、チプレを作っている。

そのうちにミカファの儀式が始まり、まず、雄鶏が生け贄として龍樹神に捧げられる。その際に、鶏の生き血を椀に取り、そこから短刀で血を掬って、龍樹の前の祭壇に注ぐ。この後、別のビモが祈禱を始める。これと時を同じくして、広場に放されて束の間の自由を味わっていた最後の豚一頭が取り押さえられ、足を縛られる。ビモが祈禱を続ける背後で、豚は血を抜き取られる。完全に血を取り終えた後、横たわっている豚の腹上に草を置いて、これを燃やす。草が燃え尽きる頃合いを見計らって、豚をほかの五頭同様に捌く。これが龍樹神への生け贄で、首、四本の足、尾の部分が、龍樹の下に供えられる。

生け贄の儀式が終わると、ここ一年以内に生まれたこどもたちのために、ビモが祈禱を捧げる。男の子の場合には、その家族が鶏肉を龍樹に供え、女の子の場合には米を供える。こどもの母、または祖母が、女性を象徴する四〇組の竹片の組み合わせの前で焼香し、次に同じように男性の竹片の前でも焼香する。昼食時には、男の子が生まれた家は白酒、女の子が生まれた家は豆腐と炊いたもち米を村人にふるまう。

ミカファとは、龍樹を意味することばである。龍樹の由来については、次のような言い伝えがある。「かつて村人の祖先が、飢えて息も絶え絶えになりながら山上にたどり着き、そこにあった木の側で横たわっているときに、一頭の野生の豚がやって来た。そこで、持っていた斧を振り下ろして豚を殺し、食べると元気が出たので、木の側に住み始めた。それ以後、この木は龍樹として祭られている」。

この言い伝えの通り、龍樹は飢饉に陥った先祖を救い、豊かさをもたらしたとして信仰されている。ミカファは龍樹を祭る日であり、龍樹の周りで豚を生け贄にする儀礼とそれに続く会食は、村の祖先が土地に住み始めた経緯を再現するものである。この意味で、供犠は村の歴史の始まりを反復する行為である(2)。

その他の儀礼も、村の繁栄と関連がある。雄鶏の供物は、雄鶏の鳴き声が朝の仕事開始の合図であることから、仕事を象徴する雄鶏を龍樹に捧げて、村人が滞りなく生活していることを感謝する。また、親が生まれたばかりのこどもを連れて祈るのは、村に新しい命がもたらされ、村の繁栄が保証されることへの返礼である。ミカファの一連の儀礼は、村の安寧への感謝と、今後もそれが続くことへの祈願を意味している。

そして、生け贄の豚を村人全員で食べる。村人にとって一番の御馳走は、この豚を用いた料理である。豚を屠殺する時の男たちの嬉々とした様子は、単に豚を屠殺する行為自体が面白いからではない。後でそれを食べる喜びが待っているからである。

近代化の思想は、動物の屠殺や調理を一般の目には触れない場所で行うことによって、血と暴力を社会から可能な限り排除しようとする。ただし、肉食そのものは否定されることはない。それどころか、原形をまったく留めることなく、巧みに調理され、盛りつけられた肉料理そのものが、一種の作品として賞味される。豚肉料理を食べながら、豚そのものを想起して気分を害するということはほとんどありえない。西欧において、こうした食の文明化が急速に進むのは一九世紀のことだが、すでに一七世紀から屠殺業者、肉屋のような専門業者が食肉を扱うようになり、家庭は単なる消費の単位となり始めていた(Elias 1969=1977)。

こうした近代の傾向とは反対に、龍神祭では、屠殺や肉の調理を特別の日に公共の場所で行う。そこには余剰物も、それを排除するための空間も存在しない。儀礼が行われる空間とそうでない空間の境界自体があいまいで、そのために儀礼の際に守るべき適切な態度も、明確ではない。ビモの一人が祈禱をしている時に、ほかのビモが傍らで水煙草をふかすなど、厳格な規範を欠いたような光景に出会うことがある。それは、目的に合った場所とそれにふさわしい行為が要求される、近代的な規範が存在しないからである。

したがって、村人がテーブルマナーのような細かい規則に縛られることもない。もちろんそれは、彼らが礼儀を知らず、野蛮であることを意味するわけではない。鶏の鶏冠の部分を長老に捧げる習慣（これはニスー族に固有の習慣ではないが）や、白酒を勧められた時にこれを必ず受けなければならないなど礼儀作法があり、これを守らないことは相手に対して失礼なだけでなく、場合によっては相手に対する攻撃と受け取られる。ただ、食事のマナーに基づく一挙手一投足が清潔な空間を生み出すかのような近代的な清潔観念は、彼らにはない。食卓の下に食べ終えた骨を捨てることは当然のごとく行われるが、食べ残しや食べかすは家畜の餌として再利用されるため、余剰物＝汚物とは見なされない。

供犠の意味

豚は富の象徴として、村人が一時に消費できる富の限界を示している。この消費の限界点は神によって定められており、供犠を通じて、神と共に消費の限界点を確認していかなければならない。龍神祭の隠された社会学的意味は、供犠を通じて過剰な生産や消費を抑制し、村の暮らしを支える余剰回避の原則を再確認することである。供犠と食が密接な関係にあるのは、まず食生活から余剰回避の原則が貫徹されなければならないからである。この原則に基づけば、ゴミのような余剰を生み出す過剰な商品生産や消費自体が不道徳、不衛生な行為になる。したがって余剰回避の原則は、つねに商品経済の論理と対立する可能性を秘めている(3)。消費社会は、このような余剰回避の原則が崩れた社会である。

竹園村を訪れてから、一五年を経た二〇一一年に、新平県の竹園村よりも都市部に近い村を訪ねた。まだ民族衣装を身にまとっている女性たちがいる一方で、都市に住む回族の男性と結婚するために戻ってきた村出身の新婦は、民族衣装ではなく、ミニスカートのドレス姿だった。また、別の家の少女の部屋には、おそらくは宝物にしているであろう日本のアニメを基にした男の子と女の子の絵や、小さなマスコット人形が置いてあった。かわいいものがここにも浸透していたのである。

かわいいものばかりがあふれていくなかで、いまこそ、供犠のもつ意味を熟考する必要がある。豚を屠殺して食べるという行為は、明らかに生き物を死に至らしめる行為である。社会学などではしばしば、こうした儀礼を「排除による秩序の再生」という図式で説明してきた。豚を生け贄として「排除」することで、秩序を維持するという一見もっともらしい図式である。しかし、こうした疑似社会学的説明は儀礼の本質からずれているように思われる。

それでは、供犠は社会においていかなる意義を有するのであろうか。それは、村人たちが供犠を通じて、怖れの感覚を体得している点にあるだろう。余剰回避の原則も、この怖れの感覚に支えられている。豚を屠殺してしまうことは、村人の生命の維持と、豚を食するという楽しみのために行使される「暴力」である。しかし、この暴力は怖れなしでふるってはならない。遊びのように暴力をふるうのは、この怖れの感覚を知らないからである。

死の怖れを知り、暴力を制御するしくみ、新たなかたちでの追憶の秩序を、高度消費社会はいかに築いていくのかが、問われているのである。

注

（1）二〇一一年八月初旬、一九九六年に龍神祭を調査するために訪れて以来、一五年ぶりに竹園村を訪れた。一五年前は道路の状態が悪かったため、村にたどり着くのは大変だったが、今回は新たな道ができており、交通の便が良くなっていたことが驚きだった。近くにある鉱山の開発が進み、農民への補償の意味で、道路網を整備しているという。

（2）供犠を可能にする秩序は、追憶の秩序と呼ぶことができる。追憶の秩序は、次の四つの要素から成る構造的モデルとしてとらえられる。

⑴記憶の喚起――追憶の秩序では、かつて共同体の成員であったり、共同体と何らかの関わりがあった死者の霊、神への記憶を喚起することで、共同体秩序が編成されていく。地蔵や仏の多くは、病気や災害で突然の死を迎えた者への思いが結晶化したものである。ひとびとはそれによって身近な存在の死を何とか納得し、またその記憶を留めることで、社会秩序の維持を図ろうとしてきた。天変地異のような不幸の精神的処理は、追憶の秩序を通じて行われていたのである。

⑵聖なる空間の設定――死者の霊や神は聖なる存在であり、現世とは別の次元に存在する。これは、死者の霊を喚起するためには、死者の霊が棲む聖なる空間を設定しなければならないことを示している。神社や仏寺も、聖なる空間、もしくは現世とは別次元に存在する空間に通じる場所であり、そこに行けば、神や仏に近づくことができるとされている。

(3)未知の理解システム――追憶の秩序では、未知のモノ、珍しいモノは死者の霊や神がもたらしたと理解することで、初めて受け入れ可能になる。一見新奇に見えるモノも、実は共同体と関係がある点が示されて、初めて公的に認知される。この意味で、原理的にはまったく新しいモノは存在しない。もちろん、いままで見たことがないモノに対する驚きはいつの時代にもあったはずである。しかし、それは「新奇なモノ」それ自体としては認知されなかったのである。また、マルセル・モースが論じているように、交易の相手を村の守護霊と結びつける儀礼を通じて受け入れていくトロブリヤンド島の住民にとって意味があるのは、現世と彼らが信仰している霊的な世界だけである。これは、富（モノ）全般が、自力によってではなく、死者の霊、「祖先」あるいは神によってもたらされると了解されているからである。

(4)霊的存在への返礼――富が死者の霊や神によってもたらされるものである以上、彼らには借りがある。共同体の維持は、祖先への借りを供物を通じて返していくことによって可能になる。

（3）竹園村の暮らしは、あくまで余剰物が出ないように営まれている。竹を資源とした箸や籠の生産は、年間で10万元にも上り、村の収入の50％を占めている（それ以外のおもな収入源は焼畑農業による）。竹園村はその名の通り竹林に覆われており、竹の成長が早いため、これを定期的に伐採する必要がある。各家庭で竹の箸や籠などを作る時に、伐採した竹を資源として有効利用しており、まさに余剰回避の原則に適合している。各家庭が作る箸は、1パイ（箸百本分）で1・6円の収入になる。一日中働いて、15パイの箸を作ることができるが、実際には農作業の合間などに箸作りをするため、一日平均の仕事量は3～5パイ程度である。各家庭の作った箸は、老廠にある工場に送られて最終的に仕上げられる。

あとがき

一九九四年のことだから、今から一五年以上前のことである。その年、テレビで相次いで起こるいじめ自殺の報道を見ながら、私は、ひとつのことに気がついた。事件が起こるたびに、テレビに映し出される中学校の映像に、共通点があるように感じたのである。それは、いじめ自殺が起こる中学校の周辺に広がる風景に、共通の要素があることを意味する。いじめ自殺を生み出してしまう固有の風景があるのではないか。これが、私がテレビを見ながら抱いた直感である。

そこで、私は同じ年の一二月、実際にいじめ自殺事件が起こった直後の愛知県西尾市に赴いてみた。この事件は、国会でも問題にされるほど大きな反響を呼んでいた。それは、自殺した少年が死ぬ直前にしたためた長文の遺書が公表されたからである。中学生が長文の遺書を残すことはめずらしい。遺書には、どのようないじめに遭っていたのかが詳しく記されていた。

遺書のなかで私が驚いたのは、少年が自殺する理由を、同級生たちから金をとられ続けており、もう渡す金がないからだと書いていたことである。少年はまるで借金を返す当てがないので、自殺したかのようにみえる。私はこの遺書を読んだとき、近松門左衛門の『曾根崎心中』を思い出していた。『曾根崎心中』は、男女が心中する物語であるが、そのきっかけは主人公の徳兵衛が借金を返すことができなくなったことにある。商品経済がいち早く発達した十八世紀初頭の大阪と、農業地域の近くに工場が建ち、急速に開発が進んだ二十世紀後半の西尾とのあいだに、奇妙な共通点があるような気がしたのである。それは、商品経済の浸透に、社会が十分に適応していない点である。

資本主義は今や、欧米や日本だけではなく、世界的な規模で拡がっている。したがって、それがときに人々の生活にもたらすことのある破壊的な効果も、世界中の至るところで観察できる。しかし、そのためには、わざわざ外国に出かけていく必要はない。一見完全に資本主義化したかにみえる日本でも、資本主義化が孕む暴力性が噴出することは、少年の自殺が象徴的に物語っている。新たな開発による消費文化の浸透が旧農村地域にもたらす無秩序。そして、そのなかで特に消費文化の暴力を被るのが、こどもなのである（荻野 1998: 4-5）。

中学校周辺を歩いてみて、私の直感は確信に変わった。中学校の周辺には田園地帯が拡がっているが、少し歩くと、小高い丘を切り開いて造成した新興住宅地がある。西尾市には、一九七〇年に大規模な工場が建てられており、その後に住宅地が開発されたのである。

私のなかに、西尾訪問の印象は強く残っていたが、しばらくの間本格的に研究を開始することはなかった。転機は二〇〇三年に訪れる。私の勤める関西学院大学が、社会調査に関するテーマで、日本学術振興会二一世紀COEプログラムに採択され、私自身は映像、特にアニメーションを用いた調査法に関して研究することになった。アニメーションを実際に制作して、これを通じた社会調査を試してみようと考えたのである。私は、アニメのテーマにいじめ自殺を選んだ（Ogino and Yukimura 2011）。同時に、いじめ自殺が起こった地域を調査し始めた。

一方で私は、科学研究費の助成を得て、戦争遺産に関する研究を継続して行っていた。特に、太平洋戦争の遺産について調べるため、かつて軍関連施設があった場所を調査していた。そのうちに、奇妙なことに気づいた。いじめ自殺が起こった地域を訪れると、なぜか軍関連施設跡地やそこに戦後設営された自衛隊基地がある。私は、いじめ自殺と戦争遺産調査を同時に行うことができることに気づき、実際に同じ場所で、一見異なるふたつの対象を調査するようになった。そして、戦後の開発において、旧軍用地が大きな役割を果たしたこと、開発といじめ自殺が起こる地域とのあいだに親和性があることを発見した。戦後の日本社会では、旧軍用地が忽然として消滅したところから開発が始まり、その開発がいじめ自殺という暴力を生む風景をつくり出したのである。

社会学における地域の調査は、特定の一地域に限って調査する場合がほとんどであろう。しかし、本書のような対象の場合、ひとつの地域に限定して調査するだけでは不十分である。二〇〇三年から私は、いじめ自殺が起こった地域や軍関連施設があった場所（先述したように、ふたつが重なる場合が多い）を訪れるようになった。特に、いじめ自殺が起こった地域のうち、いじめに金銭が絡んでいる29の地域については念入りに調査した。

地域の図書館や役場で資料収集や聞き取り調査も行ったが、最大の調査目的は、地域の風景を体感することにあった。地域内の移動には、状況に応じて三つの手段を用いた。まず、用いたのは車である。

中学校の広範囲にわたる校区を短い時間で移動するには車が最も適している。しかし、中学生が日常体感している場所感覚を共有することは、車に乗っているだけでは共有できない。

そこで、実際に校区を歩くことになる。また、自転車を借りることができた時には、自転車を用いた。徒歩だけではなく、自転車を利用したことは、中学生が自分たちの生活環境をどのように体感しているのかを知るうえで大変役立ったと思う。自転車は中学生にとって主要な移動手段であり、自転車に乗りながら、どのような光景が眼に入るかを追体験することができたからである。

フィールドワークということばが最近用いられるようになっているが、ある一地点で、一定の日数滞在しながら観察の経験を積むという方法と同時に、いかに移動するかという観点からも、フィールドワークをとらえる必要があるだろう。日本の人類学や民俗学の伝統では、研究者自身が移動していくことで、個々の地域の特徴を見出していく方法がある。鳥居龍蔵や宮本常一がその代表格である。社会学でも、鳥居や宮本の方法は学ぶべき点があるはずである。彼らは主に歩くことがフィールドワークの中心であった。私自身は、これに自転車による移動を加えることができるのではないかと考えている。

また、地域観察を行うなかで、私が注目したのは和菓子店の存在である。かつて町の中心だった商店街が寂れても、和菓子屋だけは残っている。私は、法事などの関係で、和菓子屋だけは経営を続けることができるのではないかと推測しているが、調べたわけではない。老夫婦や家族で営んでいる和菓子屋のひとたちは、地域に精通しており、その変化についてもいろいろと話してくれる。それ以外にも、地元の書店や書店にたまたま立ち寄った客、寺の住職とおかみさん、そして、喫茶店や居酒屋のマスターや客など、特にこちらが頼んだわけではないのに、自然に語り始めるひとびとがいた。こうしたひとびとの声の集積が、「社会」というかたちのないものを創り出しているのかもしれない。

本書は、このかたちのないもののすがたをさまざまな徴候を読み込むことでとらえようとした軌跡である。始まりはテレビに映った映像からだったが、それもカメラマンや記者が、なかば無意識のうちにとらえた、社会の徴候だったのだろう。

本書は、次のような研究費の助成の成果であることを記しておく。

日本学術振興会二一世紀COEプログラム「『人類の幸福に資する社会調査』の研究」（拠点リーダー髙坂健次）二〇〇三年—二〇〇八年

日本学術振興会科学研究費（基盤研究（B））「二十世紀における「負」の遺産の総合的研究—太平洋戦争の社会学」（課題番号17330124）二〇〇五年—二〇〇七年

関西学院大学個人特別研究費「負の歴史的遺産の社会学—旧軍用地の再利用を中心として」二〇〇八年

日本学術振興会科学研究費（基盤研究（B））「二十世紀における「負」の遺産の総合的研究—太平洋戦争と戦後社会」（課題番号20330115）二〇〇八年—二〇一〇年

最後に、内容に関する議論から資料の収集やその有効性の細部のチェックにいたるまで、本書の編集に誠実に付き合っていただいた新曜社の小田亜佐子さんに心から感謝したい。

二〇一一年一一月

著　者

参考文献

第1章

阿見町 2002『阿見町と予科練』阿見町．

茨城県阿見町秘書課 2005『茨城県阿見町勢要覧』茨城県阿見町．

阿見町史編さん委員会 1983『阿見町史』阿見町．

Durkheim, Emile, [1897]1981, *Du suicide*, P. U. F.（＝1985 宮島喬訳『自殺論』中公文庫．）

Eliade, Mircea, 1969, *Le mythe de l'éternel retour*, Gallimard.（＝1963 堀一郎訳『永遠回帰の神話——祖型と反復』未来社．）

平林巌 1954『習志野開拓史』習志野開拓農業組合．

Hobbes, Thomas, 1651, *Leviathan*.（＝1982, 85, 92 水田洋訳『リヴァイアサン1〜4』岩波文庫．）

鎌田慧 1991『六ヶ所村の記録・上』岩波書店．

Lefebvre, Henri, [1974] 2000, *La production de l'espace*, Anthropos.（＝2000 斎藤日出治訳『空間の生産』青木書店．）

松山薫 2001『第二次世界大戦後の日本における旧軍用地の転用に関する地理学的研究』博士論文 東京大学人文地理学研究室．

文部省 1984『小学校指導資料3 児童の友人関係をめぐる指導上の諸問題』文部省．

村山士郎・久富善之・佐貫浩 1986『中学生いじめ自殺事件——青森県・野辺地中学校のケースを追う』労働旬報

社.
Ogino Masahiro, 2007, *Scams and Sweeteners. A Sociology of Fraud*, Trans Pacific Press.（Trans. Lotte Lawrence）
荻野昌弘 2005『零度の社会――詐欺と贈与の社会学』世界思想社.
荻野昌弘・雪村まゆみ 2006「語りえぬものを問う――社会調査におけるアニメーション利用の可能性」『先端社会研究』第 4 号 関西学院大学出版会 205-231.
Sloterdijk, Peter, 2002, *Luftbeben*, Suhrkamp Verlag.（＝2003 仲正昌樹訳『空震――テロの源泉にて』御茶の水書房.）
和辻哲郎 [1979]1998『風土――人間学的考察』岩波書店.

第2章

愛知県開拓史研究会 1980『愛知県開拓史通史編』愛知県.
千葉県戦後開拓史編集委員会 1974『千葉県戦後開拓史』千葉県.
富士市史編纂委員会 1966『富士市史』富士市.
福田克彦 2001『三里塚アンドソイル』平原社.
平林巌 1954『習志野開拓史』習志野開拓農業協同組合.
Hobbes, Thomas, 1651, *Leviathan*.（＝1982, 85, 92 水田洋訳『リヴァイアサン 1～4』岩波文庫.）
厚生省援護局 1978『引揚と援護三十年の歩み』ぎょうせい.
Morimoto, America, 1979, *Los Inmigrantes Japonoses en el Perú*, Taller de Estudios Andinos Universidad Nacional Agraria.（＝1992 今防人訳『ペルーの日本人移民』日本評論社.）
仲田周子 2006「〈迷いのライフヒストリー〉―日系ペルー人の強制収容と戦後の軌跡」桜井厚編『戦後世相の経験史』せりか書房.

習志野市教育委員会 1995『習志野市史第一巻通史編』習志野市.
習志野原開拓史編纂委員会 1987『習志野原開拓史』習志野開拓史刊行会.
成田市史編さん委員会 1986『成田市史　近現代編』成田市.
農林省開拓局管理課 1945『元軍用地に関する調査報告書』農林省.
のら社同人 2005『壊死する風景――三里塚農民の生とことば　増補版』創土社.
大蔵省財政史室編 1976『昭和財政史第九巻――終戦から講和まで』東洋経済新報社.
櫻井忠温 1932『国防大事典』中外産業調査会.
宇沢弘文編 1992『三里塚アンソロジー』岩波書店.
Verb 制作 2004『遺書――五人の若者が残した最期の言葉』幻冬舎文庫.
若槻泰雄 1991『戦後引揚げの記録』時事通信社.
八千代市史編さん委員会 1978『八千代市の歴史』八千代市.
安生津開拓者の会 2005『拓想』習志野開拓六〇周年記念特別号.

第3章

防衛庁防衛研修所 1971『本土決戦準備――関東の防衛』南雲出版社.
遠藤周作 1960『海と毒薬』新潮社.
富津市史編さん委員会編 1982『富津市史　通史』富津市.
行田市史編纂委員会 1964『行田市史　下巻』行田市役所.
城島町誌編纂委員会 1998『城島町誌』城島町.
秦政春 2001「いじめ対応とその効果」森田洋司監修『いじめの国際比較研究――日本・イギリス・オランダ・ノ

ルウェーの調査分析』金子書房 123-144.
鎌田慧 1996『せめてあのとき一言でも——いじめ自殺した子どもの親は訴える』草思社.（2007『いじめ自殺——一二人の親の証言』岩波現代文庫.）
金賛汀 1980『ぼく、もう我慢できないよ——ある「いじめられっ子」の自殺』『続・ぼく、もう我慢できないよ』一光社.
金賛汀 1981『遺書のない自殺——『いじめられっ子』の死・高石中学事件（一九八一年）』一光社.
北沢文武 2000『児玉飛行場哀史』文芸社.
子どものしあわせ編集部編 1995『いじめ・自殺・遺書——ぼくたちは、生きたかった!』草土文化.
町田市史編纂委員会 1976『町田市史　下巻』町田市.
毎日新聞社会部編 1979『日本陸軍史』（一億人の昭和史別冊）毎日新聞社.
毎日新聞社会部編 1995『総力取材「いじめ」事件』毎日新聞社.
松浦善満 2001「被害者の人間関係」森田洋司監修『いじめの国際比較研究——日本・イギリス・オランダ・ノルウェーの調査分析』金子書房 113-121.
松山薫 2001『第二次世界大戦後の日本における旧軍用地の転用に関する地理学的研究』博士論文 東京大学人文地理学研究室.
村山士郎・久富善之・佐貫浩 1986『中学生いじめ自殺事件——青森県・野辺地中学校のケースを追う』労働旬報社.
内閣制度百年史編纂委員会 1985『内閣制度百年史　下』内閣官房.
大田区史編さん委員会編 1996『大田区史　下巻』東京都大田区.
小葉田淳編 1972『堺市史　続編　第三巻』堺市役所.
高徳忍 1999『いじめ問題ハンドブック——分析・資料・年表』柘植書房新社.

武田さち子 2004『あなたは子どもの心と命を守れますか！——いじめ白書「自殺・殺人・傷害一二一人の心の叫び！」』WAVE出版．
田島秀隆 1960『郷土資料　出水基地特別攻撃隊』出水市立図書館（非売品）．
宇都宮市史編さん委員会 1981『宇都宮市史　近・現代編Ⅱ』宇都宮市．
Verb 制作 2004『遺書——5人の若者が残した最期の言葉』幻冬舎文庫．
山崎鎮親 1999「新聞報道から見たいじめ自殺事件—一九九四年一二月〜九七年一一月」村山士郎・久富善之編『いじめ自殺——六つの事件と子ども・学校のいま』国土社．
矢田勝 1986「浜松陸軍飛行第七連隊の設置と十五年戦争」『静岡県近代史研究』第12号 静岡県近代史研究会 11-35．
結城市史編さん委員会 1982『結城市史　第六巻　近現代史編』結城市．
行橋市 2006『行橋市史　下巻』行橋市．

第4章

富士市史編纂委員会 1966『富士市史』富士市．
福岡市 1992『福岡市史　第十一巻　昭和編続編（三）』福岡市．
富津市史編さん委員会 1978『富津市史』富津市．
浜松市商工部商工課 1983『浜松の商工業』浜松市．
本庄市史編集室 1995『本庄市史　通史編Ⅲ』本庄市．
茨城県結城市市長公室秘書課 2002『結城市勢要覧 2002』茨城県結城市．
いわき未来づくりセンター 2004『いわき市の合併と都市機能の変遷』いわき未来づくりセンター．
いわき市史編さん委員会 1994『いわき市史4　近代Ⅱ』いわき市．

城島町 1995『城島町勢要覧』城島町.
経済企画庁 1969『新全国総合開発計画』大蔵省印刷局.
清原五〇年史編纂委員会 2003『清原五〇年の歩みと翔たく未来』清原五〇年史編纂委員会.
子どものしあわせ編集部編 1995『いじめ・自殺・遺書――ぼくたちは、生きたかった!』草土文化.
国土庁 1977『第三次全国総合開発計画』国土庁.
倉敷市史研究会 2005『新修倉敷市史　第七巻　現代』倉敷市.
西水孜郎編 1975『資料・国土計画』大明堂.
小葉田淳編 1972『堺市史　続編　第三巻』堺市役所.
岡山大学社会科教室内地域研究会 1987「歴史的町鴨方の変貌―陣屋町から近郊住宅地へ―」『地域研究』二九集 岡山大学社会科教室内地域研究会.
Relph, Edward, 1975, *Place and Placelessness*, Pion.（＝1999 高野岳彦・阿部隆・石山美也子訳『場所の現象学』ちくま学芸文庫.）
埼玉自治体問題研究所 2003『本庄地方拠点都市地域を考える』埼玉自治体問題研究所.
佐瀬稔 1992『いじめられて、さようなら』草思社.
下河辺淳 1994『戦後国土計画への証言』日本経済評論社.
総社市 1989『総社駅周辺地区都市活力再生拠点整備事業地区再生計画報告書』総社市.
総社市史編さん委員会 1998『総社市史　通史編』総社市.
高石市史編纂会 1989『高石市史　第一巻　本文編』高石市.
高石市教育委員会 1987『のびゆくたかいし――市制二〇周年記念文集』.
若穂井透 1987『子どもたちの人権』朝日新聞社.

矢田勝 1986「浜松陸軍飛行第七連隊の設置と十五年戦争」『静岡県近代史研究』第12号 静岡県近代史研究会 11-35.
結城市史編さん委員会 1982『結城市史』結城市.
行橋市史編纂委員会 2006『行橋市史 下巻』行橋市.

第5章

別所光一・丸山典雄 1978『江戸川区の歴史』東京にふる里をつくる会編 名著出版.
知覧町郷土誌編さん委員会 2002『知覧町郷土誌』知覧町.
知覧町役場企画課 1981『第二次知覧町総合振興計画』知覧町.
知覧町役場企画課 1991『第三次知覧町総合振興計画』知覧町.
江戸川区 1976a『江戸川区 第二巻』江戸川区.
江戸川区 1976b『江戸川区 第三巻』江戸川区.
Howard, Ebebezer, 1965, *Garden Cities of To-morrow*, Town and Country Planning Association.（＝2007 長素連訳『明日の田園都市』鹿島出版会）.
上越市創造行政研究所 2003『Newsletter』vol. 10.
鹿児島県 2006『鹿児島県史 第六巻 上巻』鹿児島県.
鎌田慧 1996『せめてあのとき一言でも――いじめ自殺した子どもの親は訴える』草思社.（2007『いじめ自殺――一二人の親の証言』岩波現代文庫.）
亀田稔・亀田愛子 1989『流れ星が見たい――一三歳の死』筑摩書房.
片木篤・藤谷陽悦・角野幸博編 2000『近代日本の郊外住宅地』鹿島出版会.

経済企画庁編 1969『新全国総合開発計画』大蔵省印刷局.
町田市企画部企画課 1998『平和への祈りをこめて―戦争時代の町田』町田市.
町田市史編纂委員会 1976『町田市史　下巻』町田市.
松原隆一郎 2002『失われた景観――戦後日本が築いたもの』ＰＨＰ研究所.
緑区史編集委員会 1993『緑区史　通史編』緑区史刊行委員会.
三浦展 2000「郊外の比較文化史と「第四山の手」の現在」若林幹夫・三浦展・山田昌弘・小田光雄・内田隆三『「郊外」と現代社会』青弓社.
成瀬郷土史研究会 1985『成瀬――村の歴史とくらし』第一法規出版.
日本科学者会議編 2003『開発政策と公共事業　環境問題資料集成　第三巻』旬報社.
西山八重子［2002］2004『イギリス田園都市の社会学』ミネルヴァ書房.
小田光雄 1997『「郊外」の誕生と死』青弓社.
大田区史編さん委員会 1996『大田区史　下巻』東京都大田区.
相模原市 1971『相模原市史　第四巻』相模原市役所.
下河辺淳 1994『戦後国土計画への証言』日本経済評論社.
鈴木伸八郎・小野寺義幸 1970『農住都市建設と改正農協法』住宅新報社.
田代洋一編 1991『計画的都市農業への挑戦』日本経済評論社.
東京急行電鉄株式会社田園事業部 1988『多摩田園都市開発三五年の記録』東京急行電鉄
東京都江戸川区役所 1955『江戸川区史』東京都江戸川区役所.
東京都大田区羽田小学校 1954『羽田郷土誌』東京都大田区羽田小学校.
薄井清 2004「戦後の多摩農業と民権運動の足跡」『多摩／ＴＡＭＡ――住民意識と地域イメージの物語』町田市

立自由民権資料館編 町田市教育委員会.
座間美都治・神崎彰利編 1984『わが町の歴史・相模原』文一総合出版.

第6章

阿川弘之 1958『雲の墓標』新潮文庫.
Baudrillard, Jean, 1970, *La société de consommation: ses mythes, ses structures*, Denoël.（=1979 今村仁司・塚原史訳『消費社会の神話と構造』紀伊國屋書店.）
Baumann, *Zygmunt*, 1998, *Work, Consumerism and the New Poor*, Open University Press.（=2003 渋谷望訳「労働倫理から消費の美学へ」山之内靖・酒井直樹編『総力戦からグローバリゼーションへ』平凡社.）
Castel, Robert, 2003, *L'Insecurité sociale*, Seuil.（=2007 庭田茂吉・アンヌ・ゴノン・岩崎陽子訳『社会の安全と不安全——保護されるとはどういうことか』萌書房.）
Eliade, Mircea, 1969, *Le mythe de l'éternel retour*, Gallimard.（=1963 堀一郎訳『永遠回帰の神話——祖型と反復』未来社.）
Heidegger, Martin, 1947, *Über den humanismus*, Vittorio Klostermann.（=1997 渡邊二郎訳『「ヒューマニズム」について——パリのジャン・ボーフレに宛てた書簡』ちくま学芸文庫.）
鎌田慧 1996『せめてあのとき一言でも——いじめ自殺した子どもの親は訴える』草思社.（2007『いじめ自殺——一二人の親の証言』岩波現代文庫.）
Liederbach, Hans Peter, 2001, *Martin Heidegger im Denken Watsuji Tetsurôs*, Iudicium Verlag GmbH（=2006 平田裕之訳『ハイデガーと和辻哲郎』新書館.）
水島宏明 2007『ネットカフェ難民と貧困ニッポン』日本テレビ放送網.

宮澤信雄 1997『水俣病事件四十年』葦書房.
荻野昌弘 2009「高度消費社会における安心と不安―グローバルか時代における日仏比較とは?」『日仏学術交流のルネッサンス報告論文集』日仏会館.
Sloterdijk, Peter, 2002, *Luftbeben*, Suhrkamp Verlag.（＝2003 仲正昌樹訳『空震――テロの源泉にて』御茶の水書房.）
宇井純編 1985『技術と産業公害』国際連合大学.
Urry, John, 2000, *Sociology beyond Societies*, Routledge.（＝2006 吉原直樹監訳『社会を越える社会学――移動・環境・シチズンシップ』法政大学出版局.）
「私にとっての水俣病」編集委員会編 2000『水俣市民は水俣病にどう向き合ったか』葦書房.
和辻哲郎 1979『風土――人間学的考察』岩波書店.
四方田犬彦 2006『「かわいい」論』ちくま新書.

第7章

Elias, Norbert, 1969, *Über den Prozess der Zivilisation*, Suhrkamp.（＝1977 赤井慧爾・中村元保・吉田正勝訳『文明化の過程・上』法政大学出版局.）
荻野昌弘 1996「食と供犠―中国雲南省ニスー族の龍神祭」『関西学院大学社会学部紀要』社会学部研究会 117-126.
新平彝族傣族自治県志編纂委員会 1993『新平県志』生活・読書・新知三連書店.

あとがき

荻野昌弘 1998『資本主義と他者』関西学院大学出版会.
Ogino, Masahiro and Yukimura, Mayumi, 2011, "Applying Animated Film to Social Research: A Depiction of Bullycide", Vincenzo Mele (ed), *Sociology, Aesthetics & the City*, Pisa University Press, 241-262.

ま行

や行

ら行

わ行

な行

は行

た行

さ行

事項索引

人名索引

著者紹介

荻野　昌弘（おぎの　まさひろ）

1957年千葉県生まれ
パリ第七大学大学院社会科学研究科博士課程修了　博士（社会学）
関西学院大学社会学部教授
専攻　文化社会学，歴史社会学，社会学理論
主著
『資本主義と他者』関西学院大学出版会，1998.
Fissures, Ed. de la Villette, 1998.
『文化遺産の社会学―ルーブル美術館から原爆ドームまで』（編著），新曜社，2002.
『零度の社会―詐欺と贈与の社会学』世界思想社，2005.（英訳 *Scam and Sweeteners, Sociology of Fraud*, Trans Pacific Press, 2007.）
『文化・メディアが生み出す排除と解放　差別と排除の〔いま〕3』（編著），明石書店，2011.
Un Japonais en Haute-Marne, Ed. Châtelet-Voltaire, 2011.

新曜社　開発空間の暴力
いじめ自殺を生む風景

初版第1刷発行　2012年3月20日

著　者　荻野　昌弘
発行者　塩浦　暲
発行所　株式会社　新曜社
101-0051　東京都千代田区神田神保町2-10
電話（03）3264-4973（代）・FAX（03）3239-2958
E-mail：info@shin-yo-sha.co.jp
URL：http://www.shin-yo-sha.co.jp/

印　刷　長野印刷商工（株）
製　本　渋谷文泉閣

ISBN978-4-7885-1269-6　C1036